KB097989

시장 읽어주는 남자

시장 읽어주는 남자

1판 1쇄 인쇄 _2014.11.01.
1판 1쇄 발행 _2014.11.11.

지은이 _장진혁
발행인 _홍성찬

발행처 _인사이트북스
출판신고 _2009년 6월 5일 제25100-2009-0017호

주소 _서울특별시 강북구 삼양로169길 34-12(우이동)(142-871)
대표전화 _070)8112-0846
팩시밀리 _02)906-9888
이메일 _ insightbooks@hanmail.net

앞으로 10년, 쇼핑을 주도할 이커머스에 집중하라!

시장 읽어주는 남자

장진혁 지음

MARKET
PLACE

인사이트
북스

온전한 하나를 얻으려면
다른 하나를 내려놓으라

인생은 쇼핑이다

우리는 눈을 뜨고 있는 내내 쇼핑이라는 환경 속에서 살아가고 있다. 쇼핑이란 비용을 지불하고 물건을 사는 행위이다. 그 과정에서 가장 중요한 것이 '선택'이다. 인생 또한 그런 선택의 연속이다.

"어떤 게 더 이익이지? 어떤 게 더 멋있지?"

이것이 쇼핑의 시작이고 끝이다.

"이걸 어떻게 할까? 장애물이 있는데 어쩌지? 다음엔 뭘 해야 하지?"

이것이 인생의 시작이고 끝이다.

아침에 눈을 떠서 잠자리에 들 때까지 우리는 끊임없이 선택을 해야만 한다. '어떤 옷을 입고 출근할까', '점심은 뭘 먹을까', '어떤 시안에 표를 던질까', '저녁 때 친구를 만날까 운동을 할까', '야식을 먹을까 말까' ……. 쇼핑이 선택의 연속인 것처럼 인생 또한 수많은 선택의 결과물이 담긴 쇼핑 카트와도 닮았다.

"어떤 선택을 하는 것이 더 좋고, 더 합리적일까?"

우리는 늘 선택 중에서도 최선의 선택을 하도록 강요받는다. 차선조차 용납되지 않는 세상이다. "이게 정말 최선인가?"라는 질문에 그렇다고 대답하기 위해, 더 나은 선택을 했다고 말하기 위해 늘 비교하고 분석한다.

더 이익을 보는 선택, 후회 없는 선택을 해야 한다는 강박관념 때문에 현대인들은 스트레스를 받는다. 잘못된 선택을 했을 때 드는 '후회', 주변의 '질책'이 모두 스트레스다.

그래서 우리는 그 스트레스로부터 벗어나기 위해 자신이 했던 선택을 합리적인 결정이었다고 믿으려 든다. '그때는 어쩔 수 없었어.'라며 스스로를 위로한다. 인생이 쇼핑몰에서 구매한 상품처럼 반품할 수 있는 것이 아니라는 사실을 잘 알면서도 늘 다음을 기약하는 것이 우리 인간이다.

인생은 선택과 포기의 연속

"선택이란 어느 하나를 고르는 게 아니라 나머지를 버리는 것이다."

살면서 모든 것을 다 가질 수는 없으니 하나를 버리고 더 나은 하나를 선택하라는 뜻이다. 최선의 선택은 곧 최선의 포기와 같은 말이다. 값 싸고 질 좋은 물건을 찾기 위해선 시간과 발품을 팔아야 한다. 편함을 포기해야 한다. 더 마음에 드는 비싼 옷을 사기 위해선 다른 옷 두어 벌을 내려놓아야 한다. 그중에서 가장 불필요할 것 같은 옷을 골라내는 합리적인 선택이 요구된다.

1000년 전 중국 송나라 시절, 《자치통감》이라는 역사서를 남긴 사마광의 어릴 때 이야기이다. 한 아이가 커다란 장독에 빠져 허우적거리자 어른들이 다양한 대책을 내놓기 시작했다.

"사다리가 필요하다."

"아니다. 밧줄을 가져와라."

"맞다."

"아니다."

"그 선택은 틀렸다."

"아니다. 이 방법은 다르다."고 하면서 우왕좌왕하는 사이 물에 빠진 아이는 죽어 가고 있었다. 그때 어린 사마광이 옆에 있던 돌을 들어 장독을 깨 버렸고, 아이는 목숨을 건질 수 있었다. 어른들이 합리적인 선택을 찾기 위해 시간을 낭비하는 사이 아이는 생명보다 덜 귀한 장독을 깨 버린 것이다.

이것이 염일방일拈一放一의 교훈이다. "하나를 쥐고 또 하나를 더 쥐려면 그 2개를 모두 잃게 되니 온전한 하나를 얻으려면 하나를 놓아야 한다."는 뜻이다.

장독이냐 아이냐. 어떤 가치에 투자할 것인가? 취사선택은 우리의 몫이다. 가치의 기준과 판단과 이에 따른 이익과 불이익은 온전히 나의 것이므로 속세의 그것에 휘둘릴 필요는 없겠다. 하지만 나만의 기준 정도는 꼭 가지고 있어야 한다.

셀러와 리더, 그리고 사회에 진출하는 졸업생과
인생 후반전을 준비하는 이들에게

이 책은 오픈마켓 셀러들과 그 소비자들, 셀러가 되고 싶은 예비 창업자들, 마케팅을 공부하는 학생들, 오픈마켓 등의 인터넷 쇼핑몰에 입사를 희망하는 취업 준비생들, 특히 MD라는 직업에 관심이 있는 이들을 생각하며 쓴 책이다.

이를 위해 대한민국 유통 시장의 변천사, 셀러로 성공하는 법, 오픈마켓을 운영하는 법 등을 내 기준대로 정리했다. 그렇다고 해서 이 책이 '온라인 쇼핑몰 창업 A to Z' '오픈마켓으로 1억 원 만들기' 같은 책은 아니다.

이뿐 아니라, 크든 작든 어떤 하나의 조직을 이끌고 있는 리더와 그 조직에 속한 조직원들, 즉 직장인을 위해서도 지면을 할애했다. 그렇다고 이 책이 '이렇게 살면 성공한다' 같은 자기 계발서는 아니다. 아직 나는 그렇게 잘나가는 사람이 아니다. 그렇다면 이 책은 어떤 책일까?

아직 연륜은 짧지만 오랜 기간 유통 시장에서 일을 하다 보니 인생이 쇼핑처럼 선택의 연속이라는 생각이 들었고, 물건을 어떻게 하면 잘 팔 수 있는지 선택하는 고민을 하다 보니 홍보 및 마케팅이 인생의 축소판이라는 생각도 들었다. 그런 이야기를 허심탄회하게 해 보고 싶었다. 직장이라는 곳이 단순히 돈만 버는 곳이 아니어야 한다는 생각이나, 20대에는 그리고 3-40대에는 어떻게 직장 생활을 해야 하는지에 대해서도 쓰고 싶었다.

후배들이라면 선배의 조언이라고 생각해 주시고, 선배들이라면 후배가 작성한 '인생 사업 계획서' 혹은 '프로모션 결과 보고서'라고 생각하고 봐 주시기를 희망한다.

끝으로 이 책이 나오기까지 애써 주신 임진순 님과 인사이트북스 관계자분들께 감사 드리며, 처음부터 끝까지 자료 조사를 해 주고 출간을 도와준 후배 김연미, 묵묵히 지켜봐 주고 응원해 주는 선후배, 동료 분들, 이 책을 펼친 모든 이에게 깊이 감사 드린다.

2014년 가을, 보라매공원에서
장진혁

인생은 쇼핑이다!
기획에서 마케팅까지
쇼킹한 쇼핑이 시작된다!

11번가 바로가기
재래시장부터 쇼킹딜까지

1
_

MARKET
PLACE

11번가는 세상 어디에도
존재하지 않는 가상의 거리다.
하지만 언제나 우리와 함께 하는,
24시간 열려 있어open 아무 때나 찾아가도
반겨 주는 친근한 마켓market이다.

11번가가
_ 어디예요?

"11번가는 세상 어디에도 존재하지 않는 가상의 거리다. 하지만 언제나 우리와 함께하며, 24시간 열려 있어open, 아무 때나 찾아가도 반겨 주는 친근한 마켓market이다."

그렇다. 11번가라는 거리는 강남 테헤란로에도 없고, 신사동 가로수길에도 없다. 도서 산간 지역에 있지도 않다. 그렇다고 '11번가 판매자 서비스센터'를 운영 중인 서울시 동작구 신대방동에 위치한 것도 아니다.

당연한 말이다. 11번가는 사이버상에서만 존재하는 가상의 거리다. 하지만 상품의 가짓수만 4500만 개가 넘고, 대한민국 경제 활동 인구의 77%인 2000만 명이 가입해 있으며, 월 평균 방문자가 1500만 명에 이르는 거대한 마켓이다(2014년 7월 기준). 그리고 열린open 공간이다. 오는 사람은 쌍수를 들어 환영하고, 가는 사람은 선물 하나 더 줘서 발걸음이 무거워 못 가게 만드는 그런 친근한 마켓이다.

이렇게 당연한 말로 포문을 여는 이유는 11번가에 대한 이해 없이는 책에 대한 이해도 없기 때문이다. 이 또한 당연한 말이다. 11번가에 뼈를 묻어온 사람이 썼으니 11번가 오픈마켓에 관한 글이 많은 것은 당연하다.

세상에는 이런저런 당연한 말이 차고 넘친다. "밑지고 판다는 장사꾼의 말을 믿지 마라.", "물건을 살 때는 싸게 사고, 팔 때는 비싸게 팔아야 남는다.", "당장 그만둔다는 사람치고 당장 그만두는 사람 없더라."처럼 쌀로 밥 짓는 이야기들 말이다.

그러나 당연한 이야기를 알아 둔다고 해서 손해 볼 일은 없다. 오히려 모르면 나만 손해다. 살다 보면 당연한 원칙을 지키지 않아 막심한 손해를 보는 경우가 부지기수다. 그러니 들어 보시길. 11번가를 중심으로 살펴보는 대한민국 이커머스e-commerce 시장의 흥망성쇠를.

| 옥션과 G마켓에 이어 후발 주자로 뛰어든 11번가 |
6년 만에 선도 기업으로 성장

지난 2008년 2월, 11번가는 대한민국 전자 상거래 시장을 바로잡겠다는 열정 하나로 오픈마켓 시장에 뛰어들었다. 선발 주자는 아니었다. 이미 옥션과 G마켓이 시장에서 절대적 우위를 차지하고 있는 상황이었다.

옥션은 1998년부터 인터넷 경매 방식으로 사업을 시작했다. 경매라는 방식이 신기해서 이슈가 되기도 했지만 기존의 쇼핑몰과 달리 누구나 판매자가 될 수도 있고, 구매자가 될 수도 있다는 특장점으로 주목을 받았다. 판매자는 실패 가능성이 줄어들어서, 구매자는 스스로 정한 가격으로 상품을 구매할 수 있어서 만족도가 높았다.

2001년, 옥션이 어느 정도 자리를 잡자 미국의 인터넷 경매 업체인 이베이가 옥션의 대주주가 되었다. 그리고 이듬해에는 한 공간에서 구매와 판매를 함께 할 수 있는 오픈마켓 모델을 국내에 선보였다. 이러한 퍼스트 무버first mover로서의 어드밴티지 때문에 옥션은 결코 만만한 존재가 아니었다.

한편 2000년 3월 구스닥으로 사업을 시작한 G마켓은 2004년부터 전자 제품 위주이던 오픈마켓에 패션·의류·잡화 등 다양한 상품을 구비하고 본격적으로 뛰어들었다. 탑 셀러와 핵심 상품 1:1 관리 등 차별화를 통해 시장 진입에 성공, 이른바 오픈마켓의 양대 산맥을 구축한 것이다.

2004년 이후 GS이스토어, 온켓, 엠플 등 후발 주자들이 뛰어들어 경쟁이 심화되었지만 절대적 우위를 차지하고 있던 쌍두마차를 따라잡기에는 역부족이었다. 결국 후발 주자들은 속속 시장에서 철수하고 말았고, 두 회사가 차지한 시장 점유율은 무려 95%였다. 그런 상황에서 SK텔레콤이 용감하게 11번가를 오픈한 것이다.

당시 오픈마켓은 가전·의류 중심의 시장에서 식음료·서비스 등 품목을 가리지 않는 종합 시장으로 변신하면서 급성장하는 중이었다. 2003년 7000억 원에 불과하던 거래액이 2008년에는 8조 원을 향해 달리고 있었다. 후발 주자인 11번가의 상황은 어땠을까?

사업 첫해인 2008년의 거래액은 약 4000억 원, 2009년에는 1조 6500억 원을 기록하며 동종업계 대비 최단 시간에 1조 원을 넘어섰지만 시장 점유율은 겨우 5%에 불과했다. 시장의 파이가 커지면서 동반 성장하는 정도의 수준이라고 해도 과언이 아니었다.

11번가라는 브랜드는 파리의 샹젤리제, 뉴욕의 소호, 동경의 긴자 같은 유명한 거리에서 쇼핑하는 느낌을 온라인에서도 가질 수 있도록 하겠다는 뜻에서 지어진 것이었지만 초창기에는 그 이름값을 제대로 하지 못했다. 시장에서는 명실공히 대기업인 SK텔레콤이 2년 동안 준비하고 2000억 원이나 투자했지만 1위를 차지하지 못했다고 싸늘한 시선을 보내왔다. 하지만 우리는 준비된 전략에 따라 차근차근 근력을 키워나갔다. 11번가라는 거리에 도착하기 위해서는 1번가부터 차근차근 밟아 나가야 했다.

SK텔레콤이 이커머스 시장에 뛰어든 것은 신 성장 동력을 확보한다는 차원이었다. 쇼핑은 통신처럼 일반 소비자들과 가장 가까이에서 호흡할 수 있는 최적의 비즈니스였기 때문에 충분히 투자할 가치가 있다고 봤던 것이다. 하지만 우려하는 부분도 없진 않았다.

우선 내부적으로 "유통업계는 통신업계와 달리 의사 결정 체계가 복잡하고 신속성을 요구하는데 11번가는 전문성과 경험이 부족해 힘들 것"이라는 의견이 팽배했다. 또한 시장을 선점한 경쟁사들의 인지도와 최저가 공세는 11번가가 넘기 힘든 벽이었고, 소비자들이 기존 오픈마켓에 대해 가지고 있는 불신도 여전한 상태였다. 특히 위조품과 A/S에 대한 불만이 가장 많았다.

결국 11번가가 택한 전략은 소비자의 불신을 불식시키는 '신뢰 경영'과 이를 얻어내기 위해 '차별적 혜택'으로 무장하는 것이었다. 그래야 고객의 사랑을 받을 수 있다고 생각했다.

11번가의
_ 4가지 차별화 전략

| 신뢰 |

사업 초기부터 지금까지 11번가가 지속적으로 내세운 최고의 가치는 '신뢰'였다.

11번가가 런칭했을 무렵, 소비자들 사이에서는 '오픈마켓에는 2만 원 미만의 저가 상품만 판다'거나 '고가의 브랜드 상품은 위조품이 대부분'이라는 인식이 팽배한 상황이었다. 이에 사업 초기부터 오픈마켓의 신뢰를 저해하는 '위조품' 몰아내기에 가장 많은 공을 들였다.

소비자들의 불신이 비록 11번가의 잘못은 아니었지만 무너진 신뢰부터 회복하지 않는다면 11번가가 고객의 선택을 받을 길은 요원해 보였다. 고객의 믿음이 없다면 회사의 미래도 없다는 것. 믿음이 가지 않는 가게에서는 껌 하나도 사지 않는 게 고객의 마인드라는 것을 잘 알고 있었다.

먼저 '셀러 공인 인증제'를 채택해 위조품 몰아내기에 앞장섰다. 이른바 '먹튀 셀러'들이 11번가에 발을 못 붙이게 하겠다는 것이었다. 이를 위해 업계 최초로 '위조품 110% 보상제'를 실시했고, 그 결과 2010년에 180여 건이나 되던 위조품 보상 건수가 시행 전 대비 1/3 수준으로 현격히 줄어들었다.

2009년부터는 고객 실수 보상제, 최저가 110% 보상제, 배송 지연 보상제를 추가한 '11번가 4대 보상제'와 '연중무휴 24시간 콜센터'를 업계 최초로 운영하면서 고객과의 신뢰를 다져 나갔다. 당시 소비자들의 불만 중 하나가 야간이나 주말에 궁금증을 문의할 창구가 없다는 점이었기 때문에 24시간 콜센터는 좋은 반응을 이끌어 냈다. 이러한 제도는 소비자들의 반응이 좋아 지금까지도 지속적으로 시행하고 있다.

| 신뢰 경영을 위한 4대 보상제 |

최저가 110% 보상제

"혹시 더 저렴하게 판매하는 사이트가 있지 않을까?"

11번가는 오픈마켓 최초로 최저가 보상제를 실시했다. 만일 11번가에서 구매한 상품이 다른 국내 인터넷 쇼핑몰보다 비쌀 경우 그 차액의 110%만큼 포인트로 보상하는 제도. 타사 사이트가 1000원 더 싸다면 1100포인트를 보상하는 방식이다.

위조품 110% 보상제

"11번가에서 판매하는 명품. 믿고 사도 될까?"

산업통상자원부 산하 한국의류산업협회(지적재산권보호센터)와 함께 위조품 보상 제도를 실시했다. 만일 11번가에서 구매한 상품이 위조품으로 확인될 경우 결제 금액을 100% 보상하는 것은 물론, 그 금액의 10%를 포인트로 적립해 주는 방식이다. 나아가 위조품을 판매한 셀러는 회원 자격을 영구 정지하고 사법 기관에 수사를 의뢰한다.

한국의류산업협회는 산업통산자원부 산하 특별 법인으로 온오프라인상 불공정 거래나 지적 재산권 침해 행위에 대한 조사 및 단속을 수행하는 정부 공인 전문 기관이다. 11번가의 소비자 보상 제도에는 샤넬, 노스페이스, 까르띠에, 로렉스 등 다양한 브랜드들도 함께했다.

고객 실수 보상제

"상품이 망가진 건 내 실수니까, 어디 하소연할 데가 없네."

꼭 그렇지만은 않다. 11번가에서는 이처럼 고객의 실수로 인한 파손까지 책임지는 고객 실수 보상 제도가 있다. 구매 확정 후 30일 이내에 보상 신청을 하면 수리비를 보상하거나 동일 상품으로 보상해 준다.

단, 상품 자체의 품질이나 결함, 단순 변심, 택배사 및 판매자의 잘못일 경우는 제외된다. 컴퓨터 잉크 등의 소모성 상품이나 복제가 가능한 도서·음반 등 보상이 제외되는 상품이 있으므로 사전에 확인하는 것이 좋다.

배송 지연 보상제

"도대체 언제 오는 거야?"

주문한 상품이 결제일로부터 2일 이내에 배송이 되지 않았을 경우, 3일차부터는 마일리지와 쿠폰 보상을 실시하는 제도. 판매자들이 이미 빠른 배송을 하고 있지만 부득이한 사정으로 배송이 늦어지는 경우까지 염두에 두고 시행하는 서비스다.

최저가 110% 보상제

위조품 110% 보상제

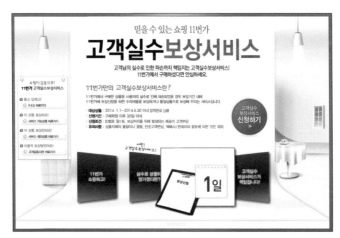

고객 실수 보상제

배송 지연 보상제

이동 통신사와 연계한 고객 혜택 마케팅

모기업인 SK그룹과의 협업을 통해 오픈마켓 유일의 차별적 로열티 프로그램을 운영한 것도 11번가의 성장 비결이었다. 당시 소비자들 사이에는 '싸면 그만이지 뭘 더 바라냐'는 생각이 팽배했다. 할인 쿠폰 외에는 차별적 혜택도 없었고, 무이자 할부 등의 가격 외 금융 서비스도 거의 전무한 상황이었다.

이에 11번가에서는 업계 최초로 장기(11개월) 무이자 할부제를 운영하면서 고객에게 돌아가는 혜택을 강화했고, 3500만 OK캐시백 고객을 위한 포인트 결제 프로그램, SK텔레콤과 연계한 T멤버십 쇼핑 프로그램, KT그룹과 기획한 Oh! point 할인 프로그램, 하나SK카드 제휴 마케팅 등을 펼쳤다. 이러한 혜택은 구매 유도 및 재방문의 확실한 동인이 되었다.

한편 지난 2013년 7월에는 모바일 쇼핑 업계 최초로 쇼핑 데이터 보상 서비스도 실시했다. 이는 모바일 쇼핑을 즐기는 고객들이 데이터 소비에 부담을 느낀다는 것을 알고 시작한 서비스였다. SK텔레콤 이용자 간에 데이터 선물하기 기능도 도입했으며, 통신비 지원 T쿠폰도 발행했다.

모바일 쇼핑 시장 선점

2010년 6월, 모바일 11번가를 오픈하면서 모바일 쇼핑 시장에도 뛰어들었다. SK텔레콤, SK플래닛의 통신 인프라와 무선 플랫폼의 활용이 시장 선점에 큰 도움이 되었다.

QR코드를 기반으로 한 QR스토어를 열었던 2011년에는 모바일 연간 거래액이 850억 원에 불과했다. 그러던 것이 2012년에는 연간 거래액 2800억 원을 달성했다. 이는 당시 업계 최고치로서 엄청난 고성장이었다. 2013년에는 연간 거래액이 7000억 원을 돌파하는 등 계속해서 급성장 중이다.

안드로이드 마켓과 T스토어, 아이폰 앱스토어 등에서 이루어진 11번가 모바일 앱의 누적 다운로드 횟수는 2012년 9월, 유통업체 최초로 1000만 번을 돌파했고, 2014년 1월에는 3300만 번을 돌파했다. 2014년 4월 현재 스마트폰 가입자가 3800만 명이니 거의 대부분의 국민이 11번가를 손에 들고 다니고 있다는 말이 된다.

11번가에서는 모바일 분야가 성장을 견인할 신성장 동력으로 보고 투자를 아끼지 않고 있는데 쇼핑과 모바일 시장에 대한 이야기는 앞으로도 계속하게 될 것이다.

| 셀러와의 상생 전략 |

11번가는 셀러와의 상생을 위한 노력도 게을리 하지 않았다. 오픈마켓 비즈니스의 특성상 11번가의 고객은 단순히 구매자만이 아니다. 셀러 역시 11번가의 고객이었다. 당연히 최고의 서비스를 제공해야 했다.

이를 위해 '11번가 판매자 서비스 센터(seller.11st.co.kr)'를 연중무휴 24시간 체제로 운영하면서 셀러들의 판매 관련 궁금증을 해결해 주고 있다. 형식적인 서비스 창구가 아니라 전문 상담원이 24시간 대기하면서 원스톱 토털 서비스를 제공한다. 전화, 채팅, 이메일, 화면 공유 등의 방법을 통해 회원 및 정보 관리, 상품 등록·전시, 주문·발송, 취소·반품, 광고·프로모션, 로열티, 안전 거래 등의 일반 상담부터 창업 준비 과정, 교육 프로그램, 세무 신고, 금융 등의 전문 상담까지 모든 서비스를 두루 제공한다. 사업 초기의

T멤버십

OK 캐시백

Oh! Point

11번가 셀러존

셀러들에게 큰 도움이 되고 있음은 물론이다.

또한 신대방동에 위치한 '11번가 셀러존'에서는 창업 입문에서 전문가 과정에 이르는 단계별 셀러 교육을 지속적으로 실시하고 있다. 판매 노하우, 상품 소싱, 배송, 마케팅 전략, 상세 페이지 제작, 상품 촬영, 포토샵 및 드림위버, 세무 과정 등 실무 중심의 다양한 교육을 대부분 무상으로 제공한다.

특히 성공한 빅 셀러의 특강을 통해 유경험자의 노하우를 전수받을 수도 있고, 카테고리별로 주관하는 간담회에 참석하면 최신 영업 전략과 정보를 공유할 수 있다. 월 평균 1000명이 넘는 셀러가 셀러존에서 체계적인 교육을 받고 있는데, 기존 커리큘럼 외에도 셀러들이 원하는 교육이 있으면 적극적으로 제안을 받아 구성하기도 한다.

또한 따로 설명하겠지만 셀러존에는 촬영 스튜디오, 피팅룸, PC존, 휴게 공간 등을 운영하여 셀러들의 편의를 도모하고 있는데, 스튜디오는 월 평균

300명이 넘는 셀러들이 이용하고 있다.

이처럼 11번가는 셀러들을 위한 전폭적인 서비스를 지원해 왔다. 이를 통한 셀러들의 성공이 11번가의 성공으로 이어졌음은 두말할 나위가 없다. 셀러와의 '상생'이 곧 11번가의 발전이라는 철학은 예나 지금이나 변함이 없다.

지난 7년여의 시간 동안 수많은 셀러들을 만났고, 제2의 인생을 새롭게 시작한 다수의 셀러들을 봐 왔다. 회사가 런칭하기 전에 사장님들을 직접 찾아다니며, '11번가에서 한번 새롭게 시작해 보시죠'라고 사업을 권유했던 때를 생각해 보면 지금도 뿌듯하다. '회사의 성장만을 위한 것이 아니라 11번가와 함께하는 수많은 셀러들과의 상생'이라고 생각하면 무한한 책임감이 느껴진다.

이러한 4대 전략과 모바일 쇼핑 시장 진출에 힘입어 2010년 거래액이 3조 원을 넘어섰고, 2011년에는 30.2%의 시장 점유율로 업계 2위를 차지했다. 2011년에는 거래액 3조 9300억 원을 달성해 처음으로 흑자로 전환했고, 2012년에는 4조 6000억 원까지 늘어났다. 꽤 빠른 성장세를 보였다.

| 신뢰로 일군 국가 대표 오픈마켓 |
브랜드 가치 1등, 11번가

11번가가 초기부터 주력한 선택과 집중은 결국 '신뢰'라는 첫 번째 요소로 설명된다. SK텔레콤이라는 1등 통신 회사에 대한 소비자들의 믿음이 11번가로 하여금 모바일 시장에 연착륙할 수 있도록 도움을 주었으며, 11번가 직원들에 대한 셀러들의 믿음이 회사가 성장하는 결정적 계기가 되었다. 그리고 국내 토종 기업이라는 자긍심을 가지고 일하는 직원들의 노력도 중요했다. 국내 오픈마켓 최초로 터키, 인도네시아 등 해외 시장으로 진출하는 데 있어서 '11번가는 국가 대표 오픈마켓'이라는 자부심도 중요하게 작용했던 것이다.

모든 요소가 복합적으로 작용하면서 11번가의 브랜드 가치는 급상승했다. 고객 만족 부문 쿼드러플 크라운Quadruple Crown을 2년(2012, 2013) 연속으로 달성한 유일한 오픈마켓이 바로 11번가다. 쿼드러플이란 NCSI(국가 고객 만족도), KS-SQI(한국서비스 품질 지수), KCSI(한국산업의 고객 만족도), KS-WCI(한국 소비자 웰빙 지수) 등 고객 만족을 평가하는 4대 지수를 말한다. 그밖에 국가 브랜드 경쟁력 지수NBCI와 '대한민국 혁신 대상' 서비스 혁신 부문에서 2년 연속 대상을 차지하기도 했다.

또한 브랜드 가치 평가 전문 기업인 브랜드스탁이 발표한 '2014 대한민국 브랜드 스타' 조사 결과에서 11번가가 온라인 쇼핑몰 업계 1위를 차지했다. 조사는 각 부문별 대표 브랜드 900여 개의 브랜드 가치 지수BSTI를 브랜드스탁 증권 거래소의 모의 주식 거래를 통해 형성된 브랜드 주가 지수(70%)와 소비자 조사 지수(30%)를 결합해서 평가하는 방식으로 진행됐는데 11번가 868점, G마켓 865점, 옥션 836점 순이었다.

기업의 브랜드 가치란 곧 신뢰를 의미한다. 신뢰란 오픈마켓뿐만 아니라 모든 서비스 업종에서 매우 중요하다. 신뢰가 무너지면 고객은 순식간에 등을 돌린다. 고객의 신뢰가 없으면 사업을 영위할 수가 없다. 아무리 많은 재화를 가지고 있어도, 아무리 자본금이 많아도 고객이 외면하면 끝이다.

기업들은 흔히 '신뢰'나 '혁신' 혹은 '창조'라는 가치를 선택하고 집중한다. 이런 경영 철학은 개인에게도 마찬가지로 중요하다. 믿음, 소망, 사랑 중에 중요하지 않은 것은 없다. 근면도 좋고, 정직도 좋다. 나에게 맞는 미덕virtue이 있다면 그것이 바로 '머스트 해브 아이템'이다. 가치 있는 좌우명 하나쯤은 꼭 선택해서 장바구니에 넣어 두자.

쇼핑에서 가장 중요한 것은 현명한 선택이라고 말한 바 있다. 인생도 마찬가지다. 삶의 모토를 잘 선택해서 바구니에 담아야 한다. 혹시 실수로 현명하지 않은 선택을 하게 되더라도 괜찮다. 삶의 철학을 찾는 인생 쇼핑에 도전하는 사람은 그렇지 않은 사람보다 백배 천배 낫다. 일단 쇼핑몰부터 가 봐야 1+1이건 세일 상품이건 만날 수 있는 기회가 생기지 않겠는가. 지금 당장 쇼핑을 시작하자.

인생 쇼핑이 그렇게 거창한 일도 아니다. 시식 코너만 돌고 와도 된다. 굳이 다른 사람의 장바구니를 힐끔거리며 흉내를 낼 일이 아니다. 내게 필요한 아이템이 무엇인지는 자기 자신이 가장 잘 알 것이다. "차카게 살자"처럼 손가락이 오그라드는 문구라도 좋다. 지금 당장 좌우명 하나를 구매하자. 세상이라는 드넓은 시장에 나와 빈손으로 다닐 수는 없지 않은가. 적극적으로 구매하여 쇼핑 카트에 가득 싣고 쇼핑몰을 돌아다니자. 이런 건 좀 과소비를 해도 된다.

재래시장에서
소셜 커머스까지

과거에는 마을 어귀마다 재래시장이 하나씩 있었다. 모름지기 시장이란 "있어야 할 건 다 있고, 없는 건 없는" 그런 곳이었다. 시장에 가면 생활에 필요한 거의 모든 것을 해결할 수 있었다. 구경거리가 많아서였을까? 어머니들은 장바구니를 들고 "장을 보러 간다."고 했지 "쇼핑을 한다."라고 하지 않았다. 오늘 먹을 신선한 생선이 장터에 나왔는지 안 나왔는지 시장을 둘러보는 행위는 종종 여가 활동의 하나로 여겨지기도 했다.

한편 명동에 있는 신세계, 롯데, 미도파 같은 백화점은 명절 때 한번 가 볼까 말까 하는 특별한 곳이었다. 가격이 너무 비싸서 아이 쇼핑에 그쳐야 했고, 백화점을 서너 바퀴씩 순례한 다음에 남대문 시장에 가서 유사한 상품을 사기도 했다.

과거에는 대부분의 어머니들이 골목마다 리어카를 끌고 다니며 종을 울려 대는 두부 아저씨를 통해 두부나 콩나물 같은 신선 식품을 구매했다. 만일 아저씨의 종소리를 듣지 못해 두부를 사지 못하면 그냥 종치고 마는 저

넉이었다. 24시간 편의점이 들어오기 전까지는 그랬다.

1989년 세븐일레븐을 시작으로 1990년 LG25와 훼미리마트가 이 땅에 24시간 불을 밝혔다. 그 불빛을 본 자본들이 서서히 강림 준비를 시작했다. 사고 싶은 상품이 있으면 새벽이라도 슬리퍼를 신고 나가서 쇼핑할 수 있는 24시간 만물상이 생겼으니 구매의 스펙트럼은 급격히 넓어졌다. 그곳에 가면 깔끔하게 포장된 두부와 콩나물이 있었다. 두부 아저씨의 종소리는 그렇게 점점 멀어져 갔다.

| 대형 마트 성공 신화 |
막을 내린 백화점 불패 신화

한국의 시장 분위기를 살피면서 '짱'을 보던 자본들은 1993년 11월, 이마트와 함께 본격적으로 강림했다. 국내 최초의 할인점 이마트는 선두 주자 롯데백화점과 후발 주자 현대백화점 사이에서 고전하던 신세계백화점이 내던진 비장의 출사표였다. 그 뒤를 이어 까르푸, 월마트 등이 가세했다.

사람들은 할인점을 대형 마트라고 불렀다. 있을 건 다 있고, 심지어 값도 싸다는 인식이 생기면서 대형 마트들은 본격적으로 활동을 시작했다. 할인점의 영어식 표현인 디스카운트 스토어는 제대로 그 이름값을 해냈다. 스스로를 중산층이라 믿는, 그렇게 믿고 싶은 사람들이 갓 발급받은 따끈한 신용 카드를 들고 속속 대형 마트로 모여들었다.

재래시장은 다니기 불편하고, 백화점은 너무 고가라서 불편하다고 생각하는 사람들이 대형 마트의 쇼핑 카트에 물건을 쓸어 담았다. 백화점식 다품종 진열로 편리함을 준 것은 물론이고 전통 시장 스타일을 닮은 1+1로 덤을 얹어 줬으니 그야말로 쇼핑의 '신세계'가 열렸던 것이다.

구매하는 상품의 부피가 커지고 수량이 많아지면서 생각했던 예산을 초과했지만 소비자들은 괘념치 않았다. 할인을 해 주니 결과적으로는 오히려 이익이라고 생각했다. 지금 당장은 불필요한 상품이지만 언젠가 꼭 필요한 날이 올 것이라는 신앙심으로 쇼핑 카트를 가득 채웠다. 미리 사서 쟁여 두는 것도 나쁘지 않다고 생각했던 것이다.

나아가 무이자 카드 할부는 대형 마트들에게 화려한 날개를 달아 주었다. 그 날개가 이카로스의 날개가 될 거란 생각은 하지도 못했다. 날갯짓을 거듭할수록 한도 초과에 가까워지고 있다는 것을 몰랐다. 참고로 대형 마트의 쇼핑 카트는 1993년 101리터에서 2001년 150리터로 커졌다가 지금은 180리터가 대세다. 더 많이 담으라고 장바구니를 키우고 있는 것이다.

한편 이마트 등 대형 마트의 성공 신화는 그동안 불패 신화를 써온 백화점의 전성시대가 막을 내리고 있다는 것을 의미했다. 그 화룡점정은 1997년 IMF 외환 위기였다. IMF 이후의 소비 패턴은 명품 구매와 저가 제품 구매로 양극화되었다.

백화점은 명품관으로 명맥을 유지했지만 생활고에 시달리기 시작한 중산층 소비자들은 백화점으로 향하던 발걸음을 줄이게 되었고, 대신 대형 마트에서 판매하는 중저가 상품 위주로 쇼핑을 했다. 게다가 정부는 어려워진 서민, 즉 골목 상권 상인들을 보호하기 위해 10분 간격으로 백화점을 들락거렸던 셔틀 버스의 운행마저 금지시켰다. 백화점은 썰렁해졌고, 대형 마트는 세일 상품과 손님들로 더 북적거렸다. 결국 2003년에 이르러 백화점은 대형 마트에 매출 1위 자리를 내주게 된다. 대형 마트 탄생 10년 만에 나타난 대한민국 유통사의 대이변이었다.

그렇게 또 10여 년이 흘렀다. 사람들이 모여 사는 곳이라면 어디든지 대형 마트가 들어섰다. 하지만 대한민국의 땅은 비좁았다. 더 이상 매장을 지을 만한 공간이 남아 있지 않게 되었다. 포화 상태에 이른 것도 문제였지만 초기 비용과 유지비가 많이 들어가는 대형 마트는 분명 세 확장에 한계가 있었다.

| 새로운 쇼핑 공간의 등장 |
온라인 쇼핑몰, 아울렛, 복합 쇼핑몰 등

대형마트의 한계는 이미 예견된 것이었다. 지구촌에서 가장 바쁜 사람들, 즉 대한민국 소비자들이 2000년대에 들면서 오프라인보다 편리한 온라인 쇼핑몰로 발걸음을 옮겨가기 시작한 것이다. 21세기가 시작되면서 온라인 시장은 폭발적인 성장세를 보인 반면 대형 마트의 매출은 줄어들기 시작했다.

여러 가지 복합적인 요인이 있었다. 가정용 냉장고의 용량이 점점 커지면서 쇼핑 횟수가 조금씩 줄어들기 시작했다. 매대 구석구석을 채워 주던 중국산 저가 상품이 점차 사라지면서 대형 마트의 상품은 싸다는 인식도 함께 사라지기 시작했다. 현명한 소비자들은 카드 결제가 결코 공짜가 아님을 인지하기 시작했으며, 매장에서 아이쇼핑으로 상품의 정보를 탐색한 뒤 온라인에서 더 저렴한 가격으로 구매하는 쇼루밍족Showrooming으로 변신하기 시작했다. 이런 악재 등으로 인해 대형 마트의 매출은 점점 줄어들었다.

대형 마트의 1인당 월 구매액은 2012년 5만 2684원에서 2013년은 5만 955원, 2014년 초는 5만 949원으로 계속해서 줄어들고 있는 추세다. 과자나 신선 식품 등의 소매가가 지속적으로 상승하고 있음에도 불구하고 1인당

구매액이 줄어들고 있다는 것은 그만큼 소비가 위축되었다는 증거이며, 같은 제품이라도 오프라인보다 싸게 파는 온라인 쇼핑몰로 몰리고 있다는 증거다.

통계청에 따르면 2013년 대형 마트 업계는 45조 1000억 원의 매출을 기록했고, 성장률은 1993년 등장 이래 사상 최저치인 1.5%였다. 이는 사실상 역신장한 것과 다름없다는 게 업계의 분석이다.

반면에 온라인 쇼핑몰의 거래액은 2001년 3조 원에서 2005년 10조 원을 돌파했다. 특히 2005년 11월의 경우, 월 거래액이 처음으로 1조 원을 넘어섰는데 이는 전년 동월 대비 무려 41%나 증가한 것이었다. 그리고 2010년에 이르러서는 25조 원을 돌파했다. 10년 사이에 8배나 성장한 것이다. 성장은 여기서 멈추지 않았다. 2011년 29조 원, 2012년 34조 원, 2013년 38조 원으로 계속해서 상승 곡선을 그렸다.

한편 대형 유통업체들은 새로운 대형 마트의 부지 확보와 출점이 어렵게 되자 이를 극복하기 위해 2000년대 중반부터 골목 상권으로 진출했다. 이른바 기업형 슈퍼마켓이라 불리는 SSMSuper Supermarket이 등장한 것이다.

GS리테일의 'GS슈퍼마켓', 롯데쇼핑의 '롯데슈퍼', 삼성테스코의 '홈플러스 익스프레스', 신세계 이마트의 '이마트 애브리데이' 같은 SSM들은 자사 대형 마트의 유통망을 이용하여 일반 슈퍼마켓과 편의점에서 갖추기 어려운 농축산물과 수산물 등 1차 신선 식품까지 취급하면서 문제가 되기도 했다.

아울렛 매장과 복합 쇼핑몰의 변화도 주목할 필요가 있다. 백화점식 패션 아울렛은 1994년 이랜드그룹이 '2001아울렛'을 통해 처음 선보였다. 백화점과 비슷한 형태의 층별 구성과 상품 구성을 유지하면서도 백화점보다 저가로 공급하는 곳이 바로 아울렛이었다.

2001년에는 구로공단(현 가산동)에 마리오아울렛이 문을 열면서 본격적인 '도심형 아울렛' 시대가 개막되었다. 교통이 편리한 인구 밀집 지역인 가산동은 패션 타운이라 불리면서 지속적으로 성장했다. 가산동의 터줏대감인 마리오아울렛은 75만 명의 회원을 보유하고 있으며, 2013년에는 누적 방문객 1억 명을 돌파했다. 2007년에 오픈한 W몰 또한 2013년 3000억 원의 매출을 올릴 정도로 급성장했다. 주중에 20만 명, 주말에 30만 명이 방문하고 연매출 8000억 원에 달할 정도로 커진 시장에 2014년부터는 현대백화점의 현대아울렛 가산점이 영업을 시작하면서 파이를 키워나가고 있는 중이다.

한편 가산동에서 차로 15분을 달리면 KTX광명역이 나온다. 2014년 상반기 현재 코스트코 광명점만 영업을 하고 있지만 연말부터 롯데아울렛 광명점과 이케아 광명점이 문을 열면서 상권 다툼이 치열해질 전망이다. 지난 2014년 5월에는 신세계사이먼이 가산동과 광명시에서 가까운 시흥시에 프리미엄 아울렛을 유치하겠다고 발표하기도 했다.

사실 아울렛 사업은 정체기에 접어든 백화점들이 택한 돌파구였다. 신규 점포 출점이 한계에 다다르자 새로운 출구를 찾기 시작한 것이다. 실제로 2012년 8월 현대백화점 충청점을 끝으로 백화점 3사는 더 이상 점포를 늘리지 않고 있다.

아울렛 매장은 재고 소진 차원에서 백화점에 필요한 유통 창구였다. 부지 매입에 드는 비용, 물류비 등을 고려하여 외곽에 문을 열면서 교외형이라는 이름을 붙였고, 명품 위주로 상품을 구성하면서 프리미엄이라는 이름을 붙였다.

교외형은 도심형보다 넓어서 쇼핑 환경이 쾌적하고, 물건의 종류가 많아 선택의 폭이 넓으며, 고가의 브랜드를 싸게 살 수 있다는 장점 때문에 확실하게 인기몰이를 했다. 차를 몰고 야외로 나가면서 쇼핑 나들이까지 즐기는 가족과 연인들이 주요 고객이었다.

신세계백화점은 2007년 여주 프리미엄 아울렛을 시작으로 백화점 업체의 '교외형 프리미엄 아울렛' 시대의 막을 열었다. 롯데백화점은 2008년 광주광역시에 아울렛 1호점을 오픈하면서 도심형 아울렛 대열에 합류했다. 백화점과 대형 마트의 틈새시장을 공략한 것이다. 신세계와 롯데는 2011년부터 본격적인 세 넓히기를 시작했다. 2011년에는 파주에서, 2013년에는 부산에서 함께 매장을 오픈할 정도로 치열한 자존심 싸움을 벌이고 있는 중이다. 현대백화점도 가산점을 시작으로 김포, 판교, 송도 등에 추가로 출점했으니 본격적인 3파전이 펼쳐질 전망이다.

백화점 3사가 영업 중이거나 오픈 예정인 도심형·교외형 아울렛은 전국에 40여 곳이 넘는다. 외곽에 짓는다고는 하지만 신도시 위주로 자리를 잡고, 도심형의 경우 백화점의 사각지대에 생기는 것이므로 또 하나의 백화점이라고 봐도 무방할 정도다. 백화점과 아울렛의 경계가 사라지고 있다.

SNS 분석 업체 터퍼크로스 조사에 따르면 SNS에서 쇼핑 장소로 언급되는 장소가 백화점은 2012년에 187만 번에서 2013년에 133만 번으로 30% 가까이 줄어든 반면, 아울렛은 20만 번에서 22만 번으로 10% 정도 증가한 것으로 나타났다. SNS에 익숙한 젊은 층에 특히 어필하고 있다는 증거다.

그 사이 복합 쇼핑몰도 늘어났다. 먹고, 마시고, 쇼핑과 영화 관람 등을 한 번에 해결할 수 있는 몰mall이 젊은 세대에게 각광을 받으면서 몰링malling 문화라는 신조어까지 만들어졌다. 백화점이나 대형 마트가 구비된 실내 공간에 다양한 종류의 매장이 있어 친구들과 놀기 편하고, 주차장이 넓어 가족 단위로 나들이하기에 좋은 곳이 바로 복합 쇼핑몰이다.

삼성동 코엑스, 반포 센트럴시티, 영등포 타임스퀘어, 신도림 디큐브시티, 용산 아이파크몰, 여의도 IFC몰, 해운대 센텀시티 등이 젊은이들에게 각광을 받고 있으며, 새로 오픈하는 교외형 아울렛들도 그 경계를 허물고 '교외형 복합 쇼핑몰'로 거듭날 전망이다.

소셜 커머스 시대의 _개막

롯데닷컴 등의 종합몰(1999-2004년) 시대를 거쳐 11번가 등의 오픈마켓 (2005-2011년)이 온라인 시장의 선두 주자 바통을 이어받은 뒤 2010년에는 대한민국 최초의 소셜 커머스Social Commerce인 티켓몬스터(이하 티몬)가 문을 열었다.

티몬은 런칭 6개월 만에 200억 매출을 올리면서 화려하게 데뷔했고, 그 뒤를 위메이크프라이스(이하 위메프), 쿠팡, 그루폰 그리고 수십 개의 군소 사이트가 문을 열었다.

소셜 커머스라는 말은 2005년 야후의 쇼퍼스피어Shoposphere를 통해 처음 소개되었고, 시카고 대학을 중퇴한 28세의 앤드루 메이슨이 창업한 그루폰 을 통해 자리 잡았다. 소셜 커머스의 한 분야인 소셜쇼핑은 트위터, 페이스 북과 같은 소셜네트워크서비스SNS를 통해 연결된 사람들과 함께하는 전자 상거래로, 정해진 시간 안에 정해진 인원이 모이면 시중보다 훨씬 저렴한 가격으로 상품이나 서비스를 공동 구매할 수 있는 쇼핑 방식이었다.

외국에서 처음 시도된 방식이라 인지도가 거의 없던 상황이었지만 소셜 커머스는 다음과 같은 차별점을 무기로 성공적인 자리매김을 할 수 있었다.

| 소셜 커머스의 성공 요인 |

1. 선별된 실물 상품의 파격 할인 _ "모이면 싸진다."면서 반값 할인을 카피로 내걸었지만 사실은 그 이상의 할인도 많았다. 소비자들은 반신반의하면서 접근했다가 금세 그 매력에 빠져들었다. 매일 가던 족발집이지만 쿠폰을 지참하는 순간 어제의 결제 금액과 오늘의 결제 금액이 확연히 달랐으니 이를 이용하지 않으면 바보라고 불릴 정도였다.

2. 모바일 중심의 직관적인 화면 구성 _ 깔끔하고 간단한 디자인에 대한 젊은 층의 반응이 좋았다. 정보 제공은 간단하고 명쾌했다. "원래 100원인데 지금 사면 50원!" 고민의 여지가 없었다. 이런 장점 때문에 젊은 세대들을 회원으로 확보하기가 쉬웠다. 항상 많은 상품을 판매하는 오픈마켓과 달리 비교적 소량의 상품들로 이루어진 소셜 커머스는 모바일 환경에 더 적합했다.

3. 지역 기반의 상품을 매일매일 새롭게 제안 _ 공산품은 이미 이커머스의 거대 공룡들이 차지하고 있었기 때문에 지역 기반의 맛집이나 소규모 매장 등 틈새시장을 개발해서 상품으로 선보였다. 동네 족발집처럼 온라인 광고를 생각도 하지 못했던 업체들은 거래가 성사되면 한 번에 큰 매출을 올릴 수 있어 좋았고, 거래가 불발되어도 홍보를 할 수 있었으니 소셜 커머스 업체의 제안을 거절할 이유가 없었다.

4. 공격적인 대규모 마케팅 _정해진 인원이 모이면 거래가 성사되는 콘셉트였기에 단기간에 집중적인 광고 전략을 펼쳤다. 이는 단기간에 브랜드 인지도를 확보할 수 있는 계기가 되기도 했다.

5. 엔터테인먼트 요소가 가미된 충동구매 _"오늘 △△시까지 ○○명이 모이면 거래가 성사된다."는 시스템은 일종의 엔터테인먼트였다. 젊은 세대는 이를 재미난 경매 시장으로 인식했다. 또한 관광지의 호텔이나 여행 패키지 역시 지역 기반의 엔터테인먼트적 요소가 가미된 상품이어서 충동구매를 유도했다는 점도 성공 요인이었다.

| 오픈마켓 vs 소셜 커머스 |
가격 중심 & 목적구매형 vs 선별적 상품 & 충동구매형

이러한 요소가 바로 차별점이었다. 오픈마켓은 다수의 셀러들이 경쟁을 통해 현실적인 가격을 제시하기에 목적 구매 성향이 강한 30-40대가 주요 고객이었다. 반면 소셜 커머스는 머천다이징 기반의 선별적 상품 제시, 즉 큐레이션curation을 통해 충동구매 성향이 강한 20-30대를 주요 고객으로 삼았다. 모바일 환경에 익숙한 소비자들에게 어필할 수 있었다. 하지만 소셜 커머스 시장이 급격히 성장하자 여러 가지 문제가 발생하기 시작했다.

우선 2011년과 2012년, 소규모 소셜 커머스 업체들이 우후죽순 생겨나면서 서비스의 질적 하락을 가져왔다. 물건을 팔다가 갑자기 문을 닫는 소셜 커머스 업체들도 적지 않았고, 피해는 고스란히 소비자들의 몫이었다. 이는 소셜 커머스에 대한 불신이 싹트는 계기가 되었다.

중소 규모 업체들이 정리되면서 티몬, 쿠팡, 위메프 등 빅3 업체들의 덩치가 커지자 이번에는 근본 취지가 변질되기 시작했다. SNS를 활용한 지역 기반의 공동 구매가 기본 콘셉트였던 소셜 커머스가 웹 기반의 쇼핑몰로 변모하기 시작한 것이다. 웹 기반과 모바일 기반의 경계가 서서히 무너져 내렸다.

공동 구매를 통한 지역 기반의 저렴한 상품은 점차 사라지고 화장품, 티셔츠, 운동화 등의 배송 상품이 많아지기 시작했다. 지역 기반이라고 하더라도 마사지 숍, 관광지의 여행 패키지, 놀이 시설, 뷔페 등이 대부분이었다.

판매 방식도 원래는 기간을 정해 두고 인원을 모아 파격적인 할인을 해 주는 콘셉트였지만 어느새 인원이 더 많이 모일 때까지, 혹은 더 많이 팔릴 때까지 계속해서 판매하는 온라인 쇼핑몰이 되고 말았다. 결국 소비자들은 더 많은 판매를 위해 이메일과 모바일로 보내는 상품 정보를 스팸으로 인식하기 시작했다.

입점한 업체들도 마찬가지였다. 소셜 커머스 사이트를 과장 광고의 채널로 역이용하기도 했고, 할인 쿠폰을 가지고 오는 손님에게는 질이 낮은 상품을 팔기도 했다. 게다가 소셜 커머스 업체가 정가나 할인가보다는 할인율이 몇 퍼센트인지를 놓고 마케팅 경쟁을 벌이다 보니 가격을 원래보다 상향 조정하여 고지한 뒤 할인을 해 주는 일도 생겨났다. 이 역시 피해는 소비자들의 몫이었다.

애초의 참신했던 취지가 퇴색하고, 개의 꼬리가 몸통을 흔들어 본말이 전도되는 상황이 발생한 것이다. 이런 변화를 소비자가 모를 리 없었다. 소셜 커머스 쇼핑에 염증을 느끼는 소비자들이 서서히 늘어나고 있는 와중에 강력한 경쟁자가 등장했다.

| 소셜 메신저 업체들의 이커머스 시장 진출 |
카카오톡, 라인, 밴드 등

카카오톡, 라인, 밴드 등 모바일 기반의 '소셜 메신저' 업체들이 커머스 플랫폼으로 진화하면서 메신저를 기반으로 한 모바일 커머스 대열에 합류했다. 그 선두 주자가 '선물하기' 기능으로 전열을 가다듬고 있는 카카오톡(이하 카톡)이다.

카톡의 선물하기 상품 수는 처음에 8품목으로 시작했다. 이후 2010년에는 100품목, 2011년에는 1400여 품목에 불과했으나, 2012년에는 500여 개 브랜드에 1만 3000개로 증가했다. 다시 1년 후인 2013년에는 1400여 개 브랜드, 6만 2000개로 급격하게 늘었다. 카톡의 영토 확장은 여기서 끝나지 않았다. 2014년 하반기부터는 '뱅크 월렛 카카오'라는 서비스를 통해 스마트 뱅킹을 시작한다. 이는 카톡을 통해 사진이나 동영상 콘텐츠를 보내는 것처럼 일정 금액을 모바일 지갑에 충전하면 자유롭게 송금과 결제를 할 수 있는 서비스다.

현재 카톡 국내 가입자만 무려 3500만 명이다. 네이버 라인 가입자는 2014년 4월 현재 4억 명이며, 네이버 밴드는 2700만 가입자가 1000만 개에 달하는 모임을 구성하고 있다. 과연 이들이 앞으로 이커머스 시장에 어떤 변화를 가져올까?

이커머스 시장은 말 그대로 변화무쌍한 시장이다. 진화에 진화를 거듭하고 있지만 확실한 것 2가지는 영원한 1등이 없다는 점과 "좀 더 편하게"를 외치며 손바닥에서 쇼핑을 즐기는 엄지족이 시장을 주도하고 있다는 사실이다. 더 나아가 백화점, 인터넷 포털 사이트, 소셜 커머스, 오픈마켓 등 모든 유통업체가 주도권을 장악하기 위해 혈안이 되어 있는 시장이 바로 엄지족이 활동하는 모바일 전자 상거래 시장이다.

소셜 커머스
업체의
흥망성쇠

티몬은 한국 최초의 소셜 커머스 업체다. 2010년 5월, 미국 와튼스쿨과 맥킨지앤컴퍼니 출신의
신현성 대표가 카이스트 출신 대학 동기 2명과 함께 설립했다. 설립 1년 만인 2011년 상반기에
매출액 1000억 원을 돌파하는 등 한국에서 가장 빠르게 성장한 전자 상거래 기업으로 손꼽힌다.
하지만 2011년 8월 미국 소셜 커머스 회사인 리빙소셜에 매각됐다. 리빙소셜은 2009년 미국에서 설립돼
미국 · 유럽 · 호주 등 전 세계 22개 국가에 진출해 있는 글로벌 소셜 커머스 업체.
그로부터 2년 후인 2013년 11월, 티몬은 다시 그루폰에 매각됐다.
쿠팡 역시 2014년 5월 미국 투자 전문 회사인 세쿼이아 캐피탈로부터 1억 달러의 투자를 유치하면서
외국 자본의 비중이 더 높아졌다. 결국 국내 순수 자본으로 이뤄진 소셜 커머스 업체는
이제 위메프 하나만 남게 됐다. 티몬, 쿠팡, 위메프가 벌이는 치열한 순위 경쟁은 말 그대로 전쟁이다.
과장 광고는 물론이고 상호 비방 광고를 서슴지 않아 공정거래위원회의 제재를 받아 왔다.
그럼에도 불구하고 고소 고발은 끊이지 않았다. 그사이 시장 점유율이 한 자릿수에 불과했던
CJ오쇼핑의 소셜 커머스인 CJ오클락이 시장 저변 확대에 나섰다.
빕스나 CGV 같은 CJ 계열사를 활용해 공격적인 마케팅을 벌이기 시작한 것이다.
CJ대한통운이라는 강력한 물류 기반을 바탕으로 기존 '빅3'도 시도해 보지 않은
당일 배송 서비스를 선언하기도 했다. 과연 누가 살아남고, 누가 먹히게 될까?
그야말로 이커머스 시장은 약육강식의 정글이다.

이제는 모바일 커머스 시대
_ 엄지족을 잡으라

"엄지족은 반값 할인을 기치로 내세운 모바일 커머스와 함께 이 땅에 태어났다. 타고난 저마다의 스마트폰을 가지고 안으로는 가격 비교에 힘쓰고, 밖으로는 24시간 쇼핑 문화 창달에 이바지한다."

온 국민이 엄지족인 것은 부정하기 힘든 사실이다. 스마트폰 가입자 3800만 명 시대. 태블릿 PC를 제외하고도 국민의 약 77% 정도가 스마트한 기기를 사용하고 있다는 뜻이다.

2013년 8월, 대한상공회의소에서 '모바일-인터넷 쇼핑 소비자 동향 조사'를 발표했다. 조사에 따르면 2013년 상반기 현재 월 1500만 명 정도가 모바일을 통해 쇼핑을 하는 것으로 집계됐다. 이는 1년 만에 2배 가까이 성장한 수치였다. 2014년은 더 큰 폭의 성장이 있을 것으로 예상된다.

또한 한국온라인쇼핑협회에 따르면 국내 모바일 쇼핑 시장은 2010년 3000억 원에서 2013년 4조 7500억 원 규모로 불과 2년 만에 약 16배 성장한 것으로 밝혀졌다. 2014년은 전년 대비 100% 정도 성장할 것으로 업계는 예측하고 있다. 이 규모는 TV홈쇼핑 시장을 웃도는 엄청난 규모다.

11번가의 경우를 보자. 모바일 매출이 2011년 810억 원에서 2013년 7000억 원을 넘어섰다. 2014년에는 모바일 쇼핑 업체 최초로 1조 원 이상의 매출을 올릴 것으로 기대하고 있다. 3년 사이에 10배 이상 성장했으니 매우 가파른 성장이다.

G마켓도 이와 비슷하다. 2014년 설 시즌 때 모바일로 쇼핑한 소비자가 2013년 추석과 비교했을 때 생활용품을 591%나 더 구입한 것으로 조사됐다(중앙일보 2014년 1월 21일자). 이는 소비자들이 샴푸나 치약처럼 반복적으로 구매하는 중저가의 생활용품을 굳이 오프라인이나 인터넷 쇼핑몰에서 구입할 필요가 없다고 느끼고 있다는 반증이었다. 하지만 과일처럼 가격이나 생산지 등을 꼼꼼히 따져봐야 하는 상품은 2014 설 시즌에 PC쇼핑에서 여전히 1위를 차지했다.

이처럼 엄지족이 터치를 통해 쇼핑을 하는 사이 컴퓨터 앞에 앉아 쇼핑하는 클릭족이 줄어들었다. 2013년 상반기 현재 월 2940만 명으로 2011년 하반기 3085만 명을 기록한 이후 클릭족은 계속해서 하락세다.

그렇다고 해서 오픈마켓의 미래를 비관적으로 볼 필요까지는 없다. 오픈마켓은 여전히 성장 중이다. 오히려 온라인과 모바일을 병행해 가면서 쇼핑하는 소비자가 늘어나면서 시장의 파이가 커지는 중이라고 보는 것이 옳다. 위기는 늘 기회와 함께 온다. 동전의 양면과 같다. 그 동전을 뒤집는 것이 바로 우리가 할 일이다.

| 30대 전업주부 엄지족을 잡으라 |

세계적 컨설팅 업체 맥킨지앤드컴퍼니가 지난 2014년 4월에 발표한 '한국 모바일 쇼핑족'의 특징은 여섯 살 이하 자녀를 둔 30대 전업주부가 가장 많다는 점이었다. 이들은 충동구매와 광고에 약하고, 상품의 가격보다는 쇼핑의 편리성을 더 따진다. 그리고 결과적으로 남보다 쇼핑을 더 많이 한다는 분석이었다.

조사에 따르면 엄지족은 클릭족과 뚜렷하게 구분됐다. 우선 엄지족은 여성의 비중이 60%로 클릭족(47%)의 경우보다 높았다. 전업주부 비중도 32%로 클릭족(18%)의 2배에 달했고, 여섯 살 이하 자녀를 둔 경우도 31%로 클릭족(17%)보다 훨씬 높았다. 연령대는 30대(36%)가 가장 많았다.

30대 주부들이 주로 어린아이를 키우기 때문에 외출하기 어렵고, 귀찮게 컴퓨터를 켜고 쇼핑몰에 접속하기보다는 손에 쥔 스마트폰이나 태블릿 PC로 쇼핑을 했다는 말이 된다.

충동구매 성향은 엄지족이 훨씬 강했다. 클릭족은 계획 구매가 65%인데 엄지족은 50% 수준이었다. 반면 충동구매 비중은 34%였다. 조사 대상의 3분의 2 정도가 광고나 행사를 보고 구매했는데 이는 오프라인 소비자(16%)의 약 4배에 달하는 수치였다.

11번가 자체 조사에서도 온라인 쇼핑 고객의 72%가 소셜 커머스 이용 시 충동구매가 많다고 응답한 반면 오픈마켓에서는 27%에 불과했다. 오픈마켓은 다양한 상품이 있기 때문에 필요성을 인지한 후 구매하지만 소셜 커머스는 선별된 상품 제안으로 고객의 필요성을 자극하여 구매로 유도하기 때문인 것이다.

물건을 사려고 마음먹자마자 바로 당일 구매한 경우도 엄지족은 과반

(53%)이 넘었다. 반면에 클릭족의 당일 구매는 36% 수준에 불과했다. 클릭족은 구매 전에 여러 사이트를 방문해 가면서 정보를 찾는 것으로 조사됐다. 클릭족은 주로 신발 등의 패션 잡화, 의류, 식료품 등을 고르게 쇼핑했는데, 이는 사이즈, 브랜드, 구매 후기, 신선도 등 꼼꼼하게 살펴볼 필요가 있는 품목들이었다.

주목할 필요가 있는 또 다른 차이점은 클릭족의 64%가 검색 엔진을 통해 쇼핑몰에 접속하는 데 비해 엄지족은 62%가 업체를 바로 찾았다는 점이다. 그만큼 브랜드 로열티가 가격을 무시할 만큼 높았던 것이다. 클릭족은 사용하기 쉬운 쇼핑 시스템(44%)과 가격(38%)의 중요성을 비슷하게 봤지만, 엄지족은 사용하기 편한 앱(63%)을 가격(20%)보다 3배 이상 중시했다. 컴퓨터에 비해 상대적으로 화면이 작다 보니 사용하기 복잡한 앱, 넘겨야 할 페이지가 많은 앱, 즉 쓸데없는 정보가 많은 앱은 엄지손가락의 외면을 받게 되는 것이다. 결국 엄지족을 잡기 위해선 새로운 전략을 짜야 한다는 결론이 난다.

어쨌든, 이커머스 업체들이 살아남기 위해서는 오프라인-온라인-모바일 채널 모두를 잘 활용해야 한다. 촘촘한 그물을 써서 고객을 붙잡아 두고 충성도를 높여 다른 앱으로 갈아타지 못하게 해야 한다. 또한 모바일 쇼핑의 데이터를 분석해 보면 관련 키워드가 대부분 여성들과 관련된 상품이 많은 만큼 다양한 상품으로 그물을 직조해야만 할 것이다.

| 젊은 사람들만 엄지족인가 |

맥킨지의 조사는 18-54세 성인 남녀 약 2900명을 대상으로 한 것이었다. 맥킨지가 54세까지 조사 대상을 넓힌 것은 그들도 엄연한 엄지족 쇼퍼이기 때문이다. 최근 중장년층이 새로운 소비 주체로서 엄지족에 진입했다는 것은 여러 가지로 시사하는 바가 크다.

홈플러스의 집계에 따르면 2012년 초까지만 해도 엄지족은 10대 14%, 20대 32%, 30대 54%로 40대 이상은 찾아보기가 힘들었다. 하지만 2013년 말에 이르러 20대 15%, 30대 66%, 40대 15%, 50-60대 4% 등으로 나타났다. 40대 이상이 20%에 달하고 있다.

중장년 엄지족의 특징은 컴퓨터를 기반으로 한 인터넷 쇼핑의 경험이 부족한데도 곧바로 엄지족이 되었다는 데에 있다. 11번가의 경우 온라인 회원이 아니었는데도 불구하고 모바일을 통해 바로 회원으로 가입한 고객이 2012년 5%에서 2013년 20%로 1년 만에 4배로 급증했다. 지금까지 소비자들의 기본적인 구매 패턴은 재래시장에서 백화점이나 대형 마트로 넘어온 뒤, 인터넷 기반의 쇼핑을 거쳐 모바일로 향하는 것이 일반적이었다.

이는 온라인 쇼핑의 판도가 웹에서 모바일로 급격하게 바뀌면서 나타난 특이한 현상이다. 그만큼 모바일 쇼핑몰이 중간 학습 과정을 건너뛰고 진입해도 무방할 정도로 접근성이 용이하다는 뜻이다. IT 업계에서 건너뜀Leap Frogging이라고 부르는 현상이 쇼핑업계에서도 나타나고 있는 것이다. 게다가 스마트폰의 화면이 점점 대형화되고, 태블릿 PC가 점점 대중화되면서 노안을 가진 연령대의 진입도 빠르게 이루어질 것이 틀림없다.

| 소비자가 원하는 것은 언제나 더 빠르고 편한 쇼핑 |

엄지족의 또 다른 특징은 쇼핑을 오로지 모바일에서만 즐긴다는 점이다. 11번가에서 2013년 엄지족을 조사한 결과 4명 중 3명이 모바일만을 이용해 쇼핑하는 것으로 나타났다. 연령이 어릴수록 그 비중은 더 높았다. 실제로 스마트 기기에 익숙한 15-34세의 경우 60%가 모바일로만 쇼핑을 했다.

모바일 쇼핑의 가장 큰 장점은 언제 어디서나 쉽고 간편한 쇼핑을 할 수 있다는 점이다. 편한 쇼핑. 그것이 바로 작금의 소비자들이 원하는 트렌드이다. 21세기 소비자는 참을성이 부족하다. 편한 것보다 더 편한 것을 찾는 이들의 손놀림을 주목하지 않으면 그 어떤 사업도 시작할 수 없다.

달랑 상품 하나를 사기 위해서 컴퓨터 앞에 앉아 전원을 켜고, 부팅을 기다리고, 최저가라고 주장하는 사이트를 찾아 접속하고, 잘 기억나지도 않는 아이디와 패스워드를 써 넣고, 상품을 검색하고, 공인인증서를 찾아 결제하는 등의 절차를 귀찮아한다. 주머니에서 스마트폰을 꺼내 앞에 앉은 친구에게 모바일 메신저로 커피를 선물하고, 명절 때 고향에 갔다가 그 즉시 부모님께 드릴 전기장판을 구매하는 것이 요즘 소비자들이다.

이마트의 경우 모바일 매출의 절반이 일명 '출장족'과 '퇴장족'인 것으로 집계됐다. 출근길에 인터넷 뉴스를 검색하다가 어젯밤 드라마에서 여주인공이 신었던 신발을 구매하고, 퇴근길에 내일 먹을거리를 구매하는 비율이 각각 26.4%, 21.2%에 달하는 것이다. 이마트 광고처럼 정말 "손가락만 까딱하면" 그만인 세상이다.

시장 경제는 살아서 움직이는 하나의 생물이다. 영민한 눈과 귀를 가지고 서서히 혹은 재빠르게 움직인다. 움직임이 없는 듯해도 사실은 시시각각 카멜레온처럼 변신하기 때문에 시장 경제를 예측하기란 상당히 힘들다. 고객이 엄지손가락을 위로 세울지 아래로 내릴지 아무도 알 수가 없는 것이다.

그러므로 방법은 오픈마켓 종사자들이 끊임없이 소비자의 입장에서 시장을 분석하는 수밖에 없다. 훈련과 경험을 바탕으로 미래를 예측하고 개선하여 그 오차를 줄여 나가야 한다.

예를 들면 도서 산간 지역에 사는 고객과 청담동 1번지에 사는 고객 사이에는 분명한 차이점이 존재한다. 월요일 오전에 11번가를 방문하는 여성 고객과 금요일 밤에 주문하는 남성 고객의 생활 패턴도 다르다. 이를 분석해야만 한다. 세상은 바야흐로 빅 데이터 시대다. 그 심리를 분석하지 못한다면 연애도, 사업도, 판매도 할 수가 없다.

조만간 왕성한 소비의 주축이 될 지금의 10대들은 이미 모바일 쇼핑에 익숙한 세대다. 쇼핑 업계라면 그들의 첫사랑이 될 준비를 하고 용모를 단정히 해야 한다. 그들이 몰고 올 폭풍에 대비해야 살아남을 수 있다. 모바일 환경에 익숙한 소비자들은 몇 개의 몰을 가격 비교를 해 가며 구매하기도 하지만 일반적으로 엄지족은 자신이 익숙한 앱을 하나만 반복해서 사용하는 경향이 있다. 이렇듯 브랜드 로열티는 분명 존재한다. 그 준비를 해야만 한다. 달라지지 않으면 절대 달라지지 않는다. 그냥 그렇게 어제와 비슷한 오늘을 보낸다면 그냥 그런 내일을 맞이하게 될 것이다. 셀러도, 직원도, 회사도 계속해서 자가 발전을 거듭해야 한다.

매일 11시 쇼핑 습관, _ 쇼킹딜11시

11번가 역시 엄지족 쇼핑의 시대를 꾸준히 준비해 왔다. 그리고 지난 2014년 1월 3일, 11번가의 큐레이션 커머스 플랫폼인 '쇼킹딜11시(http://deal. 11st.co.kr)'를 세상에 선보였다. 지난 2013년 1월부터 제공했던 서비스에 '큐레이션 서비스' 기능과 '타임 마케팅' 기능을 강화하여 새롭게 선보인 것이다.

오픈 초기의 성과는 그 이름처럼 쇼킹했다. 1월과 2월 두 달 동안 4300여 건의 딜이 이루어졌고, 일평균 구매 회원 수는 2만여 명에 달했다.

2014년 1월 오픈 당시에는 오전 9시를 공략했다. 이는 새로운 쇼핑 트렌드를 창조해 보겠다는 야심찬 전략이었다. 직장인은 출근길에, 가정주부는 출근과 등교 시간 이후에 쇼핑할 것으로 봤던 것이다. 하지만 지속적으로 시장 반응을 모니터링하고 분석한 결과 11시에 가장 활발한 구매 활동을 보이는 것으로 나타났다. 급한 오전 업무를 처리한 11시 정도가 커피 브레이크 타임으로 적당했던 것이다. 여유롭게 커피 한잔을 즐기면서 쇼킹딜을 둘러보는 것이 소비자의 취향임을 파악하고는 전략을 수정했다. 그렇게 다시 태어난 것이 '쇼킹딜11시'였다.

매일 오전 11시, 알짜배기 특가 상품으로 문을 여는 쇼킹딜11시의 가장 큰 특징은 동영상 플랫폼을 활용해 상품을 효과적으로 제안하는 방식을 도입했다는 것이다. 홈쇼핑을 모바일의 세상으로 끌어들였다고나 할까? 마치 홈쇼핑의 그것처럼 동영상을 통해 상품을 자세히 소개함으로써 소비자가 구매 결정을 하는 데 도움을 준 것이다. 1-2분 내외의 짧은 동영상이지만 의류의 질감부터 가전제품의 성능까지 확인할 수 있게 구성했다. 특별히 SK 텔레콤 고객에게는 데이터 프리를 통한 동영상 자동 재생 서비스를 제공해 타사 서비스와의 차별화를 시도하기도 했다.

또한 큐레이션 커머스가 젊은 세대가 많이 사용하는 모바일에 최적화된 쇼핑 수단임을 반영해 엔터테인먼트 요소를 강화했다. 네이버 웹툰에서 인기를 끌고 있는 정다정 작가의 '야매 토끼' 캐릭터와 이슈 상품을 연계한 스토리텔링 서비스가 바로 그 첫 번째다. 또한 모바일 쇼호스트 콘텐츠인 '쇼핑톡' 콘텐츠를 활용해 쇼핑의 재미를 높이는 펀펑fun+shopping을 실현했으며, 여행, 문화, 외식 등 엄지족이 선호하는 지역 상품 기반의 무형 상품군도 강화했다.

소비자가 굳이 상품을 검색하지 않아도 구매 이력을 바탕으로 최적의 상품들만 엄선해서 제안하는 스마트 오퍼링smart offering도 쇼킹딜11시의 큰 특징이다. 불특정 다수에게 백화점식 나열로 상품을 제안하는 것이 아니라 고객 행동, 성별, 연령별 등으로 분류한 특정 대상에게 최적화된 상품과 특정 혜택을 제안하는 진정한 의미의 큐레이션 기능을 강화한 것이다. 이를 위해 쇼킹딜 상품으로만 추천하는 연관 상품 로직을 강화했다.

단시간의 쇼킹한 성과, 쇼킹딜11시

쇼킹딜11am

쇼킹딜11시의
차별화 된 경쟁력

쇼킹딜11시는 2014년 1월 오픈 이후
6개월 내 월 거래액 400억을 돌파,
하이브리드 오픈마켓의 검증된 시너지 효과 기반
차별화 된 경쟁력을 강화하고 있습니다.

2014년 1월
40만
참여 셀러수
225%↑
2014년 7월
90만

2014년 1월
2000개
참여 셀러수
200%↑
2014년 7월
4000개

2014년 1월
170억
거래액 증가율
247%↑
2014년 7월
420억

2014년 1월
70억
모바일 거래액
271%↑
2014년 7월
190억

쇼킹딜11시

2014년 1월3일 선보인 11번가 큐레이션 커머스 플랫폼. 오전의 급한 업무를 처리한 11시 커피 브레이크 타임을 성공적으로 공략한 마케팅. 두 달 동안 4300건의 딜이 성사되었으며, 일평균 구매 회원 수는 2만 여 명. 홈쇼핑의 장점을 모바일로 끌어들여 젊은 세대층을 공략한 게 주효했다.

쇼킹딜11시는 기존의 위조품 110% 보상제, 최저가 110% 보상제 등 11번 가의 기본 판매 정책을 그대로 유지한다. 11번가의 강점인 T멤버십, OK캐시백, 오!포인트, 현대M포인트 등 다양한 제휴 서비스를 기반으로 한 마케팅 인프라도 활용하고 있다. 앞으로도 계속해서 이렇듯 새롭고 쇼킹한 쇼핑법을 모색하고, 제안할 계획이다.

사실 셀러 입장에서도 쇼킹딜은 뛰어들 만한 가치가 있는 시장이다. 기존의 소셜 커머스도 신규 셀러들이 가볍게 접근해서 공정하게 물건을 팔 수 있는 시장이어서 셀러들이 선호했었다. 하지만 늘 변화무쌍하고 순환 주기가 너무 빨라 금세 메인 화면에서 사라지는 단점이 있었다. 반면에 오픈마켓은 상품과 셀러가 많아서 문제였다. 그만큼 경쟁이 치열했다. 이미 잘 팔고 있는 셀러들의 기득권이 우선이기에 불공정하다고 느끼는 셀러들도 있었다. 잘 팔리는 상품은 늘 좋은 자리를 차지하기 때문에 비집고 들어갈 틈이 없었던 것이다. 그런데 쇼킹딜 같은 큐레이션 서비스는 좋은 상품만 확보하고 있으면 진입이 용이하다.

또한 판매 기간이 종료되면 상품을 구매할 수 없는 소셜 커머스와 달리 쇼킹딜은 오픈마켓인 11번가에서 언제나 찾고 구매할 수 있다는 장점이 있다. 지속적인 판매가 가능한 것이다. 또한 소셜 커머스 큐레이션에 적합한 상품수가 1만 5000개에 불과하지만 11번가는 4500만 개 이상의 상품을 구비하고 있다. 생필품이나 의류뿐만 아니라 브랜드와의 협업 등을 통해 경쟁력을 갖춘 단독 상품도 구성하여 그 상품 수는 앞으로도 계속해서 증가할 것이다.

거래액 성장률 **연평균 52% 증가** (2013년 기준)

단위:조 원

'09	'10	'11	'12	'13
1.6	3.0	3.9	4.6	4.9

가입 고객 **연평균 38% 증가 · 2,050만 명 이상** (2014년 5월 기준)

단위:만 명

'10	'11	'12	'13	'14 5월
1,500	1,700	1,860	2,000	2,050

방문 고객 **트래픽 국내 4위 · 전자상거래 1위 · 1,330만 명 이상** (2014년 5월 기준)

1,330만명

출처 : 닐슨 코리안 클릭

'08 '09 '10 '11 '12 '13 '14 5월

전시 상품수 **전시 상품 수 4,800만 개** (2014년 5월 기준)

단위:백만

'09	'10	'11	'12	'13	'14 5월
8.5	16	23	30	44	48

모바일 11번가 연 거래액 추이 **연평균 171% 증가 · 앱 다운로드 3,300만**

■ 전체 모바일 쇼핑 시장
■ 모바일 11번가

※ 자료 : 11번가 / 온라인 쇼핑협회

	'11	'12	'13	'14 (예상)
전체 모바일 쇼핑 시장	6,000억	1조 7,000억	3조 9,700억	7조 6,000억
모바일 11번가	850억	2,800억	7,000억	1조 7,000억

※ 신문 기사
파이낸셜뉴스 2014.6.16 일자
스포츠월드/경제 2014.6.16 일자

11번가 성장 과정

11번가는 2008년 창립 이후 연평균 52%의 높은 성장률로 2013년 거래액 4조 9000억 원을 달성하였으며, 회원 2050만 명, 월평균 1330만 명이 방문하는 대한민국 대표 온라인 쇼핑몰로 성장하는 데 성공했다.

저렴한 가격은 기본, 더 나은 가치를 제안하는 쇼킹딜

11번가는 이처럼 가볍고 재미있는 쇼핑을 추구하는 모바일 쇼핑족, 기존 온라인 쇼핑에 익숙한 PC족, 시장의 변화에 발 빠르게 대응하고자 하는 셀러, 더 효율적인 방법으로 소비자와 스킨십을 쌓고 싶어 하는 브랜드 등 모두의 니즈를 충족시키는 하이브리드 오픈마켓으로 거듭날 준비를 거의 끝마쳤다.

소셜 커머스는 "모이면 싸진다."는 저가 제안으로 자리를 잡았지만 그 이상을 넘지 못했다. 하지만 쇼킹딜은 저렴한 가격은 물론이고 무언가 더 나은 가치를 제안하기 위해 노력하고 있다. 아마도 이런 과정을 통해 11번가는 최강의 이커머스 종합 쇼핑몰로 거듭나게 될 것이다.

온라인 쇼핑과 모바일 쇼핑, 그리고 소셜 커머스의 장점을 접목시킨 쇼킹딜을 통해 2016년 이커머스 전체 시장에서 통합 1위를 달성하는 것이 현재 11번가의 목표다. 이미 고객 만족 서비스, 금융 혜택, 마케팅 등 기존의 오픈마켓을 운영하면서 생긴 노하우를 적절하게 활용하고 있으니 목표 달성이 그렇게 어려울 것으로 보이지는 않는다.

진화하는
_ 이커머스 시장

이커머스 시장은 오늘도 진화를 거듭하고 있다. 앞으로도 계속 변신할 것이다.

2014년 6월에는 네이버가 오픈마켓 '샵N' 사업을 정리하고 상품 등록 플랫폼인 '스토어팜' 서비스를 오픈했다. 스토어팜은 샵N과 달리 셀러가 네이버에 판매 수수료(건당 5-12%)를 낼 필요가 없는 서비스다.

이커머스 시장의 가까운 미래를 전망해 보자면 2014년 이후 유통 채널의 화두는 옴니 채널Omni Channel이 될 전망이다. 이는 일종의 O2OOnline-to-Offline 비즈니스로서 온라인(인터넷과 스마트폰 등)에서 오프라인(매장)으로 고객을 유치하는 마케팅 방법이다.

NFC(근거리 무선 통신)와 QR코드 쇼핑이 그렇게 먼 이야기가 아니다. 백화점에서 상품을 직접 만져 본 다음 그 자리에서 스마트폰으로 주문하거나 인터넷 화폐로 결제하는 시대가 곧 오게 된다. 심지어 PC 앞에 앉아 온라인으로 백화점 직원의 상담 서비스를 받아 가며 쇼핑을 할 수도 있다. 온라인과

오프라인의 경계가 사라진, 시공간의 제약이 사라진 쇼핑의 시대. 그야말로 무한 경쟁의 시대가 열리는 것이다

신세계, 롯데, 현대백화점 등 오프라인 유통의 강자들이 온라인 시장을 바라보는 시각도 1~2년 사이에 확연히 달라졌다. 오프라인 시장과의 제휴를 활성화하고, 온오프라인 통합 판매를 추진하는 등 다양한 판로를 모색하고 있다.

11번가의 경쟁 상대는 바로 이런 유통 공룡들이다. 이제 오픈마켓끼리의 경쟁은 더 이상 의미가 없다. 소셜 커머스, 종합몰뿐만 아니라 오프라인 백화점과 대형 마트 등 모든 유통 채널을 포괄적으로 바라봐야 한다. 시각을 넓히고, 차별적 경쟁력을 바탕으로 전략적 제휴를 모색하여 상호 윈윈하는 발전 모델을 만들어 나가지 않는다면 시장에서 도태되고 말 것이기 때문이다. 이를 위해 11번가에서는 현재 운영 중인 '바로마트'나 '명품관 디럭셔리' 등을 더욱 강화할 계획이다.

유통 채널의 새로운 화두, 옴니 채널

또한 외국계 기업과도 경쟁을 해야 한다. 이미 옥션과 G마켓이 미국계 기업인 이베이에 넘어간 상황에 샵N까지 철수하게 되면서 진정한 토종 오픈마켓은 11번가만 남게 되었다. 나아가 조만간 세계 최대의 온라인 유통 공룡인 아마존이 국내 사업을 시작할 전망이다. 액티브X나 공인인증서처럼 귀찮은 절차도 필요 없고, 책과 음악, 영화, 게임 등 다양한 디지털 콘텐츠를 확보한 쇼핑몰이 드디어 한국에 상륙하는 것이다. 중국 최대 전자 상거래업체인 알리바바까지 국내 진출을 서두르고 있다.

이미 아마존을 통해 해외 브랜드 상품을 국내의 절반 가격으로 직접 구매해 본 소비자들이 적지 않은 게 현실이다. 특히 작년부터 미국의 파격적인 쇼핑 할인 기간인 11월 마지막 주 금요일을 일컫는 '블랙 프라이데이'(추수감사절 다음날)와 '박싱 데이'(크리스마스 다음날) 기간에 해외 직구를 이용하는 소비자가 급증했다. 2013년 해외 직구 금액은 전년도에 비해 111% 급증한 것으로 나타났다. 바야흐로 글로벌 쇼핑 시대에 들어선 것이다. 그동안 의류나 건강식품 등 배송에 적합한 품목 위주였던 상품도 커피, 초콜릿 같은 기호 식품이나 TV 등 전자제품으로까지 확대되는 추세다. 이런 한국 시장을 아마존이 그냥 지나칠 리 없었다.

이러한 한국의 직구족을 아마존이 적극적인 소비자로 끌어안을 수 있을지, 아니면 까르푸나 월마트처럼 현지화에 실패해 정글에서 길을 잃는 신세가 될지는 알 수가 없다. 아직은 아무것도 속단할 수가 없다.

기존 오픈마켓 쇼핑몰을 인수하는 방식으로 진출할 수도 있고, 단순히 국내 제품을 해외에서 직구할 수 있게 유통 채널을 열어 주는 역할을 할 수도 있다. 혹은 전자책 리더기인 킨들 파이어나 저가의 아마존 폰을 시장에 풀면서 음악, 영화, 게임 등 아마존이 강점을 가진 디지털 콘텐츠로 승부수를 띄울지도 모른다. 실제로 우리보다 앞서 진출한 아마존 재팬의 경우 진출 1년 만에 전자책 시장의 40% 가까이를 점령한 바 있다.

하지만 한국 소비자들은 다르다. 일본과 한국의 독서량이 다르며, 전자책 시장 자체가 아직도 걸음마 단계를 벗어나지 못한 상황이다. 또한 아마존이 내세우는 선진 물류 시스템 역시 한국 고객에겐 그다지 중요한 요소가 아니다. 그러기 위해선 대규모 물류 센터 등 시스템을 구축해야 하는데 그런 투자를 하기엔 한국 시장이 아직은 작다. 옥션 역시 이베이의 서비스를 그대로 적용시키기엔 무리가 있어 유통 채널로 자리매김하기까지 오랜 시간이 걸린 바 있다. 아마존의 진입이 시장에 어떤 영향을 끼칠지 아무도 예상할 수 없다는 것이다.

아마존과 알리바바라는 거대한 공룡이 진출하더라도 11번가는 자신이 있다. 이미 외국계 기업에 성공적으로 대응했던 경험이 있고, 한국 고객의 성향을 누구보다 잘 파악하고 있기 때문이다.

11번가는 사업 초기부터 '신뢰 쇼핑'에 목마른 한국 고객의 '욕구 불만'을 잘 파악하면서 자리를 잡았고, 이제는 빅 데이터를 기반으로 한 개인화 서비스를 강화하고 있다. 쇼핑에 많은 시간과 노력을 들여야 하는 단점을 보완한 큐레이션 커머스 '쇼킹딜'로 유통 트렌드를 선도하게 될 것이다.

커머스Commerce 회사들은 현재도, 그리고 앞으로도 소비자를 사이트로 유인하는 양질의 콘텐츠Contents를 확보하고, 소비자와 셀러와 오픈마켓이 신뢰라는 이름의 커뮤니티Community를 형성하며, 셀러와 오픈마켓이 함께 상생Co-work하는 전략을 강화해야만 살아남을 수 있다. 이 4C 전략을 토종 기업만큼 잘해낼 수 있는 기업이 있을까?

미국과 중국의 온라인 시장에 주목하라

미국 인터넷 소매 유통 시장의 매출은 2000년에서 2009년 사이에 5배 이상 성장했다. 2000년 278억 달러에 불과했던 것이 2004년 742억 달러로 치솟았다가, 2008년부터 완만한 곡선을 그리기 시작했다. 그리고 2009년에는 1452억 달러 수준에 머물렀다. 하지만 최근 온라인 · 모바일 기기의 확산과 금융 위기 이후 소비자의 소비 패턴 변화에 따라 미국 온라인 시장의 폭발적인 성장세가 지속되고 있다. 2013년 1~3분기 미국 온라인 시장 매출액은 전년 동기 대비 12% 증가한 2350억 달러를 기록했으며, 2014년에는 사상 최고인 3000억 달러를 넘을 것으로 전망하고 있다. 16분기 연속 증가세를 유지, 12분기 연속 두 자리대의 높은 성장세라는 대기록을 세우고 있는 것이다. 온라인 매출 증가율은 일반 소매 매출 증가율을 크게 압도했다. 2013년 3분기 중 미국 소매 매출(자동차, 가솔린 및 식음료 제외)은 전년 동기 대비 5% 증가에 그친 반면, 온라인 매출 증가율은 13%를 기록한 것으로 나타났다.

거대 시장인 중국도 2013년 전자 상거래액이 10조 위안(약 1739조 원)을 돌파했다. 10조 위안 중에서 온라인 쇼핑 거래액이 1조 8500억 위안을 기록하면서 5년간 연간 평균 80%씩 성장한 것으로 밝혀졌다. 중국 전자 상거래 규모가 미국을 제치고 세계 최대 시장으로 부상한 것이다. 향후 3~5년 이내에 온라인결제 시장 규모가 3488조 원에 이를 것으로 전망하고 있는데, 특히 모바일 분야가 폭발적인 성장세를 보이고 있다. 중국의 인터넷 쇼핑 회사 중 가장 규모가 큰 곳이 '알리바바' 그룹에서 2003년 5월에 설립한 '타오바오'다. 한국의 11번가와 비슷한 곳으로 중국 인터넷 쇼핑 시장의 약 80%를 차지하고 있다. 그리고 C2C(개인 대 개인) 사이트인 타오바오와 쌍벽을 이루는 곳이 법인이 물건을 판매하는 B2C(기업 대 개인) 사이트인 '티엔마오'다. 개인 판매를 주로 하는 타오바오는 신분증과 보증금만 있으면 온라인 판매를 할 수 있지만, 티엔마오는 법인 사업자 등록증이 있어야 하고, 등록과 관리도 엄격한 편이다. 당연히 타오바오에 비해 위조품이 적은 것으로 알려져 있다. 한편 타오바오는 지난 2014년 상반기, SBS에서 방영한 드라마 〈쓰리 데이즈〉와 〈닥터 이방인〉에 PPL 협찬사로 나서 화제가 되기도 했다.

중국에는 'BAT'라는 말이 있는데, 바이두(Baidu)에서 검색하고, 알리바바(Alibaba)에서 쇼핑하고,
텅쉰(Ten cent)에서 게임하는 것이 중국인들의 일상이라는 뜻이다.
중국 최고의 인터넷 회사 세 곳의 이름 앞 글자를 따서 만든 신조어다.
이 회사들은 중국 내에서만 최고가 아니다. 바이두는 2005년에 나스닥에 상장했으며
알리바바는 2014년 5월 뉴욕 증시 상장을 위해 기업 공개 신청서를 미국 증권거래위원회에 제출했다.
특히 놀라운 곳은 알리바바다. 1999년 2월, 20평짜리 아파트에 10여 명이 모여
7000만 원의 자본금으로 창업한 알리바바는 창업 14년 만에 미국 이베이와 아마존을 합친 것보다
많은 매출을 올리는 기업으로 성장했다. 2013년 한 해 이용자가 무려 2억 3000만 명으로
거래 금액은 2480억 달러에 달했다. 이는 핀란드의 전체 GDP(2013년 기준 2596억 달러)와 비슷한 수준이다.
매출은 약 170조 원에 달했는데, 이는 아마존이 달성한 77조 원의 2배가 넘는 금액이었다.
창업주인 마윈 회장은 성공의 비결을 "돈과 기술, 계획이 없었기 때문"이라고 이야기했다.
외국인 가이드, 영어 교사였던 그는 돈이 없어 아꼈고 기술을 몰라 누구나 알 수 있는 서비스를 만들었고
계획이 없어 세상의 변화에 능동적으로 대응했다는 것이다.
그리고 창업 초기부터 무료 수수료, 무료 정보 등록 등 중소기업을 위한 신뢰 정책을 펼쳐 왔다.
어떤 나라의 기업이든 알리바바의 회원만 되면 240개 나라의 시장과 기업 정보를 얻을 수 있게 했다.
그렇게 회원사들과 동반 성장하면서 사업을 확장시켜 나갈 수 있었다.
지금 수백만 명의 중국 젊은이들이 창업 전선에 뛰어드는 것도 모두 이 세 군데 회사인
BAT가 닦아 놓은 토양이 있기 때문이다. 한국 기업과 젊은이들이 눈여겨봐야 할 대목이라 하겠다.

신뢰가 _답이다

이커머스 시장을 중심으로 대한민국 유통 채널의 역사와 큰 흐름을 간단하게 훑어봤다. 매우 변화무쌍한 시장이었다. 그런데 앞으로는 또 어떤 변화를 겪게 될까?

지금까지 웹이건 모바일이건 시장은 소비자 편의 위주로 재편되어 왔다. '더 많은 할인, 더 편한 쇼핑, 더 빠른 배송, 더 많은 선물'을 외치며 하루가 멀다 하고 새로운 쇼핑 시스템을 선보였다. 그래도 지금까지는 일정한 패턴이 있었다. 어느 정도 쇼핑 시장의 미래에 대한 간단한 예측도 가능했다. 하지만 지금은 쇼핑 패턴의 변화 주기도 짧아졌고, 시장을 선도하는 업체들도 엎치락뒤치락하며 부침을 거듭하고 있다. 어디서 나비의 날갯짓이 시작되었는지도 모른 채 하루아침에 대변혁의 물결에 휩쓸리는 시대가 된 것이다.

2014년 현재, 소셜 커머스 회사들 사이에서 일어나고 있는 M&A나 경쟁 업체의 인재 스카우트, 그리고 온라인 쇼핑몰에서 공인인증서와 액티브X를 폐지하겠다는 정부의 방침 같은 변화들이 앞으로 어떤 결과를 낳을지 아무도 예측할 수가 없다. 중국이나 일본의 한류 팬들이 kmall24(한국무역협회가 구축. 공인인증서가 필요 없는 해외 직접 판매 쇼핑몰)에서 천송이 코트를 얼마나 많이 구매할지도 아직은 미지수이며, 한류 열풍이 언제 식을지도 알 수가 없다.

| 최후의 승자는 진실 |

그나마 감지할 수 있는 분위기 중 하나는 최근 들어 온라인 쇼핑에 피로를 느끼는 소비자들이 부쩍 많아지기 시작했다는 점이다. 셀러들이 제공하는 상품 정보와 옵션이 너무 많아지면서 일일이 따져보기가 쉽지 않게 된 것이다.

각종 정보 제공에 동의를 해야 할인 쿠폰을 받고, 서너 번의 스크롤로는 도저히 감당이 안 될 정도로 정보가 넘친다. 사실 과다한 정보는 더 이상 좋은 정보가 아니다. 심지어 그 정보조차 진실인지 아닌지 의심하게 되면서 쇼핑은 또 하나의 피곤한 일이 되어 버린다. 피곤하면 마음이 멀어지고 몸도 멀어지게 된다. 이러한 움직임은 비록 통계에 잡히지 않을 정도로 작은 변화지만 분명히 일어나고 있는 현실이다.

이는 이커머스 종사자들이 명심해야 할 부분이다. 초창기 이커머스 시장에서는 다양한 정보 제공이 필요했지만 작금의 현명한 소비자들은 추천과 광고를 구분할 줄 안다. 소비자들은 광고에 눈먼 사람들이 아니다. 절대 눈 가리고 클릭하지 않는다. "인기 절정! 마감 임박! 강추!"라는 과장된 단어에 잠깐은 현혹될 수 있어도 장기적으로는 신뢰가 떨어지는 요인이 된다. 언제나 최후의 승자는 진실이다. 그리고 진실에 기반한 신뢰다.

언제나 신뢰 경영하라

For 셀러 _ 오픈마켓 창업과 운영 노하우

2
—

MARKET
PLACE

누구에게나 열려 있는
오픈마켓에 도전하라

정확히 분석하고, 냉정히 접근하라.
내가 잘 알고 있는 분야의 팔리는 상품을 기획하라.
MD와의 협업을 통해 내 브랜드를 알리라.

창업이나 할까? vs. 감히 창업씩이나?

요즘에는 많이 줄었지만 사업 초창기 때는 도대체 '오픈마켓'이 뭐 하는 곳이냐고 묻는 사람들이 많았다. "그냥 인터넷 쇼핑몰 아냐?"라고 생각하는 사람도 있었고, "벼룩시장의 온라인 버전이 아니겠느냐"고 자가 진단하는 사람도 있었다.

나는 그럴 때마다 "오픈마켓이란 소자본으로 창업이 가능하고, 도메인이나 기타 쇼핑몰 사이트를 만드는 솔루션 없이도 운영이 가능한 인터넷 쇼핑몰"이라고 대답해 주곤 했다. 간단한 회원 가입만으로도 물건을 사고팔 수 있는 곳이라고. 저렴한 가격으로 쉽게 물건을 구매할 수 있는 것은 물론이고, 점포가 없더라도 누구나 사장님이 될 수 있다고. 게다가 보증금과 권리금 때문에 가슴앓이를 하지 않아도 되며, 손님과 직접 대면하지 않아도 된다는 장점이 있다고. 60대 아저씨가 이화여대 앞에서 속옷을 팔면 실패할 확률이 높지만 사이버 공간에서는 가능하다고. 그러니 은퇴 후에도 창업이 기능하다고 말해 주곤 했다.

맞는 말이었다. 오픈마켓의 등장은 인터넷 창업 붐을 일으켰다. 초창기 오픈마켓은 온라인 창업의 인큐베이터로서 제 역할을 톡톡히 해냈다. 소액의 상품 등록비와 낙찰 수수료만 내면 누구든지 물건을 팔 수 있었다. 사업 경험이 부족하고 창업 자금 마련이 힘든 소상공인들에게 자기 사업을 시작해 볼 수 있는 최적의 창업 공간이었다.

실제로 G마켓이 시장에 진입하면서 동대문이나 남대문 시장의 의류 상인들도 이커머스 시장에 뛰어들 수 있었다. 당시는 패스트 패션이나 트렌드 패션이 시장을 점령할 무렵이어서 오픈마켓이 새로운 판로가 되었고, 온오프라인 패션 산업이 동반 성장하는 계기가 되기도 했다. 그런데 누구나 사장님이 될 수 있다고 이야기하면 대부분 이렇게 되물었다.

"정말 아무나 해도 되는 거야? 난 소비자였을 뿐, 아무것도 모르는데 괜찮을까? 지금 시작해도 될까? 곧 은퇴인데 말이지……. 우리 아이도 대학을 졸업하고 놀고 있는데 오픈마켓에서 창업이나 해 보라 할까?"

창업. 이 책을 쓰게 된 동기 중 하나가 셀러가 되고자 하는 예비 창업주들에게 쓴소리와 단 소리를 하기 위함이었다. "창업이나 해 볼까?"라고 쉽게 말하는 이들에게는 따끔한 소리를, "내가 어떻게 창업씩이나……."라며 주저하는 이들에게는 용기를 주기 위함이었던 것이다. 그런데 정말 창업해도 될까? 그러기에 앞서 잠시 현실을 살펴보도록 하자.

| "물리적 · 정신적으로 가족의 창업을 지원하겠다" |
13.4%(한), 54.7%(중), 23%(일)

중앙일보는 지난 2013년 12월, 한중일 3국의 성인 남녀 3000명을 대상으로 창업에 대한 생각을 조사했다. "만일 당신의 가족이 창업하겠다고 하면 어떻게 행동하겠느냐?"는 질문에 한국은 '격려만 해 주겠다'는 응답자가 34.4%로 가장 많았고, '다시 생각해 보길 권하겠다'는 응답(31.6%)이 뒤를 이었다. 반면에 중국은 물리적·정신적으로 지원하겠다는 응답자가 54.7%로 가장 많았다.

일본도 한국처럼 '격려만 해 주겠다'는 응답자가 32.6%로 가장 많았고, 물리적·정신적으로 지원하겠다는 응답자도 23%나 되었다. 반면, 한국은 물리적·정신적으로 지원하겠다는 응답자가 일본의 절반 수준인 13.4% 정도였다. 다시 생각해 보라며 일단 말리겠다는 응답자 역시 한국이 5.1%로 가장 높았다. 중국과 일본은 각각 0.2%, 4.6%였다.

말리겠다는 이유도 다양했다. 한국은 40.1%가 실패 위험이 크기 때문이라고 답했고, 중국은 자금 지원이 여의치 않아서라고 답한 사람이 30.2%로 가장 많았고, 일본은 능력도 안 되고, 성격도 맞지 않으니 말리겠다는 사람이 24.2%로 가장 많았다.

알다시피 한국에서 창업의 걸림돌은 사업을 하다가 실패하면 재기하기 힘들다는 데 있다. 지금은 폐지되었지만 연대 보증 같은 장애물이 많았다. 일본은 실패의 경험을 소중하게 여기는 사회적 분위기가 있지만, 우리는 사업의 실패가 인생의 실패로 이어지는 분위기다. 중국은 위에서 설명한 알리바바 등 억만장자 신화가 많아지면서 대학 졸업 후 바로 창업하는 젊은이들이 많아졌다. 하지만 한국은 달랐다. 벤처Venture 창업이 공원 벤치에서 잠을 청해야 하는 노숙자가 된다는 의미에서 벤처Bencher 창업이라는 자조가 있을 정도다. 그렇다고 해서 창업을 하지 말아야 할까?

| 오픈마켓은 누구에게나 열려 있다 |
실패하더라도 위험이 적은 창업 공간

위의 조사를 정리해 보면 한국은 분명 창업을 말리는 사회이다. 하지만 우리가 누구인가. 하지 말라고 말리면 더 도전하는 민족이 아니던가. 창업을 말리는 사회적 분위기가 하루아침에 변하지는 않겠지만 그래도 창업은 누구나 한번쯤은 거치게 될 관문이다.

도전할 가치를 느껴서 시작할 수도 있고, 마음에는 없지만 등 떠밀려 시작할 수도 있다. 모두가 부러워하는 신의 직장에 다니더라도 은퇴의 그날은 온다. 아무리 튼실한 대기업에 다니더라도 명퇴의 그날은 반드시 오게 마련이다. 언젠가는 시장에 홀로서기를 해야만 한다. 하지만 내부분의 사람들이 많은 나이, 부족한 자금과 전무한 사업 경험 때문에 창업하기를 주저했다. 그래서 오픈마켓이 주목받고 있는 것이다. 자신만의 독립몰로 창업하기 전에 사업성을 진단할 시험대로서 오픈마켓만 한 곳도 없다. 이런 열린 공간은 그 어디에도 없다.

누구에게나 활짝 열려 있어 하루가 다르게 팽창하는 시장. 오프라인보다 쉬운 창업 과정, 소자본으로도 창업할 수 있어 실패하더라도 데미지가 적은 사업(아이템에 따라 다르지만 초기 창업 비용으로 500-1000만 원. 6개월 운영 자금 및 예비비 등을 고려하여 평균 2000만 원 정도 소요된다). 따로 직원을 고용하지 않고 가족끼리 할 수 있는 사업. 나 홀로 창업이더라도 마케팅 지원 등의 도움을 줄 수 있는 본사가 있는 사업. 오픈마켓 창업에는 이런 메리트가 있다. 하지만 빛이 있으면 그늘도 존재하는 법이다.

누구나 쉽게 창업을 할 수 있는 접근성 때문에 준비가 미흡한 상태에서 서둘러 창업했다가 낭패를 보는 사람도 많다. 창업했는데 일주일이 지나도록 주문이 없는 상황. 그 괴로움은 경험해 보지 않은 사람이라면 모를 것이다. 24시간 열린open 매장이라 소비자는 편하지만 셀러는 쉴 틈이 없어서 힘든 사업이 오픈마켓이다.

막연한 기대감으로 면밀한 준비 없이 창업을 하는 경우, 6개월도 견디지 못하고 문을 닫는 경우도 많다. 일단 창업했다면 최소 6개월-1년 이내 승부를 봐야 한다. 안 되는 사업을 무모하게 끌고 가는 것은 정말 무모한 짓이다. 그래서 목표와 계획이 필요하다.

기간별 목표 설정은 인생이나 사업에서 가장 중요한 일이다. 사업을 시작하겠다고 마음먹은 사람이라면 사업 계획서부터 짜야 한다. 월별, 분기별, 연도별 목표를 세우는 것은 사업 계획서의 기본이다. 준비 기간을 얼마나 가질 것인지, 본격적인 런칭은 어느 시즌에 할 것인지, 언제까지 초기 비용을 회수해야 좋을지, 회수하지 못했을 때의 플랜B는 무엇인지 등을 생각해 둬야만 한다. 이런 체계적인 계획이 있어야 예기치 못한 변수가 발생했을 때 당황하지 않고 다른 아이템으로 변경할 수 있는 것이다. 준비 없는 셀러일수록 당황스런 순간이 황당한 순간이 된다. 당황 앞에서 당당해지려면 계획이 있어야 한다.

| 정확히 분석하고 냉정해야 이긴다 |
사업은 일종의 포커 게임

사업을 포커 게임에 한번 비유해 보자. 그렇다고 해서 사업이 도박이라는 뜻은 아니다. 냉정해야 하고, 철저해야 하고, 판을 읽을 줄 알아야 하고, 올인의 위험성을 잘 알아야 한다는 뜻이다.

우선 이 게임장은 누구에게나 열려 있다. 일정 금액 이상의 자본금만 있으면 누구나 참가할 수 있는 게임이다. 참가자들은 계급장을 떼고 원탁의 테이블에 마주 앉는다. 상석이 없는 평등한 테이블이다. 그전에 대기업의 사장을 했건, 교수님이었건 중요치 않다.

참가자들이 딜러가 나눠 준 세 장의 카드를 받는 순간부터 게임이 시작된다. 무작위로 나눠 주는 것이기에 이보다 더 공정할 수는 없다. 참가자는 그중 한 장을 골라 테이블 위에 오픈한다. 이것이 바로 사업 아이템이다. 카드를 선택하는 초이스를 두고 복불복이라고 하는 사람들도 있지만 초이스는 명백히 기술이고 실력이다. 높은 카드를 내놓으며 '선'을 잡아야 할 때도 있고, 낮은 카드를 내놓아야 할 때도 있다.

이제 본격적으로 패가 돌면서 그야말로 살벌한 생존 레이스가 시작된다. 이때 레이스 참가자의 행동은 크게 두 종류로 나뉜다. 첫 번째는 판세도 읽고, 자신의 손에 쥔 카드도 살펴보고, 자금도 아껴 가며 몸을 사리는 사람이다. 이런 사람들은 따도 조금만 따고, 잃어도 조금씩만 잃어 가며 '얇고 길게' 간다.

반면에 앞뒤 가리지 않고 올인하는 사람들이 있다. 이런 사람들은 크게 잃기도 하지만 한번 딸 때 크게 먹는다. 이른바 '굵고 짧게, 한 방에 기사회생' 전법이다. 판돈을 싹쓸이하는 모습을 바라보는 참가자들의 속마음은 대개 비슷하다. '나라고 저런 기회가 오지 말란 법 있어? 나도 언젠가 한 방이 있겠지.' 안타깝지만 오지 말란 법 있다. 이처럼 '남이 잘되니까 나도 잘되겠거니' 하며 사업을 시작하는 것이 가장 큰 문제다. 기적을 믿고 사업을 시작하는 것 자체가 기적이다.

한편 레이스 참가자라면 누구나 마지막 히든카드를 보고 싶어 한다. 이

카드를 받아야 위너 자리를 넘볼 수 있는 최소한의 자격이 생기기 때문이다. 하지만 세상에 공짜는 없다. 히든카드를 보려면 돈이 필요하다. 자본금이 없으면 그 순간까지 버틸 수가 없다. 게다가 마지막까지 간다고 해서 무조건 위너가 된다는 보장도 없다. 따라서 어느 순간에는 중도에 게임을 포기하고 카드를 내려놔야 할 때가 온다. 이 상황을 받아들이는 사람들 또한 두 종류다.

미련 없이 패를 내려놓으며 다음 게임을 준비하는 사람, 무모하게 도전하는 사람이다. 중도 포기를 선언한 전자는 자신의 자본금이 얼마나 남았는지를 살펴보고, 전체적인 흐름, 즉 트렌드를 읽어가면서 숨을 고른다. 분위기가 자기 쪽으로 오고 있다며 홍보도 해 본다. 하지만 후자는 '과감'한 손절매가 필요한 순간임에도 불구하고 자신의 '감'만 믿으며 "못 먹어도 고!"를 외친다. 증자를 요청해 빚을 지기도 한다. 결국 그에게 남는 것은 재고 혹은 갚아야 할 외상값뿐이다.

| 오픈마켓은 도박판이 아니다 |
한 방 믿다가는 한 방에 나가떨어진다

이것이 성공한 사람과 실패한 사람들의 차이점이다. 포커 게임이나 사업이나 마찬가지다. 욕심을 부리지 말고 차근차근 세를 불려 나가야 한다. 사업이란 하루 이틀 해 보고 그만둘 수도 없고, 또 그래서도 안 되는 일이다.

현실을 직시하지 않고 언젠가 있을 '한 방'만 믿는 사람은 정말 '한 방'에 나가떨어질 수도 있다. 그럼에도 불구하고 포기해야 할 순간이 오면 깔끔하게 '잘' 포기해야 한다. 그래야 다음 판을 준비할 수 있다. 오픈마켓 창업은 직장을 구하는 일과 같다. 철저하게 준비하여 인터뷰를 통과하지 못하면 입사가 불가능하다.

카드 게임에서 절대 변하지 않는 사실이 하나 있다. '모두가 승자가 될 수는 없다. 그리고 승자가 모든 것을 독식한다The winner take it all'는 사실이다. 그나마 다행인 것은 오픈마켓이 누구 혼자서 독식하는 시장이 아니라는 사실이다. 그것은 바로 오픈마켓이 도박판이 아니라 사업장이기 때문이다. 그러니 도박하듯이 사업하지 말자. 인생은 '굵고 짧게, 아니면 말고' 식의 막가파 전법이 먹히는 도박판이 아니다. 우리는 지금 100세 시대를 살고 있다는 점을 명심하자. 인생은 길다.

똑똑한 오픈마켓을
_ 오픈하는 방법

오픈마켓은 창업부터 운영까지 거쳐야 할 관문이 수없이 많다. 쇼핑몰의 프로세스를 충분히 이해하기까지 일정 정도의 준비 기간도 필요하다. 하지만 적지 않은 셀러들이 무작정 창업부터 하고 본다. 그러면서 "도매 시장에서 질 좋은 상품을 싸게 매입하고 마진 좀 붙여서 팔면 되는 거 아냐?"라고 하는데 이는 정말 안일한 생각이다. 도매 시장은 세상보다 넓고, 거기서 할 일은 너무나 많다. 오히려 아이템이 너무 많아서 선정하기가 어려울 정도다.

발품을 팔아가며 경쟁력 있는 아이템을 선택한다고 해서 끝이 아니다. 친절하고 고급스러운 상세 페이지도 작성해야 하고, 광고, 홍보, 마케팅도 해야 한다. 고객의 신뢰를 얻기 위해 해야 할 일도 부지기수다. 그밖에 세금, 고객 관리, 배송 및 반품 등 신경 써야 할 것들이 너무 많다.

또한 업체 간 경쟁도 상상을 초월할 만큼 치열하다. 그럼에도 불구하고 오픈마켓은 충분히 도전할 가치가 있는 시장이다.

그렇다면 어떤 방법으로 도전해야 할까? 먼저 '아이템 정하기'가 그 시작이다. "오픈마켓에서 이런 거 팔면 잘 팔릴까?"라는 물음으로부터 사업은 시작된다.

| 팔리는 아이템을 선정하라 |

"무엇을 팔아야 하나요?"

"잘 팔리는 상품을 팔 것! 이윤이 많이 남는 상품이면 더 좋고."

쌀로 밥 짓는 말처럼 들리겠지만 잘 팔릴 만한 상품을 아이템으로 선정하는 것이 창업의 시작이고 기본이다. 잘 팔리는 그 '무엇'이란 바로 값싸고 질 좋은 상품이다. 이 또한 당연한 이야기이지만 막상 필요한 순간에는 평범한 진리도 잘 생각이 나지 않는 법이다. 그러니 늘 명심하고 살아야 한다.

오픈마켓은 그 어떤 물건이건 다 내다 팔 수 있는 환상적이고 자유로운 공간이지만 소비자는 바보가 아니다. 절대 아무 물건이나 사지 않는다. 싸다고 다 사는 것도 아니다. 다음은 값싸고 질 좋은 상품 선정의 노하우다.

잘 팔릴 만한 상품을 선택하라

수익성이 보장되는 그런 상품이 있냐고? 있다.

꼭 유명 브랜드 상품이라고 해서 잘 팔리는 것이 아니다. 중소기업의 상품도, 아이디어 상품도, 가내 수공업 수제품도 저렴한 가격, 서비스, 희소성이라는 차별화된 경쟁력만 갖춘다면 히트 상품이 될 수 있다.

비슷한 품질과 서비스가 제공되는 상품일 때 저렴한 가격은 최고의 무기가 된다. 그렇다고 해서 가격 경쟁력과 다다익선이 능사는 아니다. 저렴하게 내놓아 잘 팔린다고 해서 수익률이 좋은 것은 아니기 때문이다. 창업한다면 투자금, 고정비, 운영비 등을 종합적으로 고려하여 도출된 '내게 알맞은 마진율'을 알고 있어야 한다. 업계에서는 통상적으로 사입가(원가)의 1.6배 정도로 판매가를 정하는데, 카테고리마다 편차가 크다. 같은 의미에서 매입 단가가 높은 아이템은 초기 비용도 많이 들고 지갑을 여는 구매자도 상대적으로 많지 않으니 초보 셀러라면 가급적 선택하지 않는 것이 좋다.

또한 빠른 배송, A/S, 상품에 대한 전문 지식 제공, 방문 설치 서비스 등 무형의 서비스를 통한 고객과의 지속적인 커뮤니케이션을 해야 한다. 이런 입소문은 금세 퍼져서 좋긴 하지만 서비스를 제공하려면 인건비가 들어야 하니 이 또한 쉬운 일이 아니다.

끝으로 특정한 나라에서만 구할 수 있거나, 지역 특산물이거나, 한정 수량의 수제품이라면 희소성이라는 가치로 인해 잘 팔리는 상품이 될 수 있다. "그거 어디서 샀니?" 우리가 자주하는 질문이다. 사촌이 질 좋은 상품을 싸게 구입하면 자다가도 배가 아픈 사람들, 주변에 의외로 많다. 그들이 바로 쇼핑업계의 파이를 키우는 사람들이다. 그런데 이런 상품을 찾아내기가 쉽지 않으니 이 또한 힘든 일이다.

다 힘들기만 하다고? 하지만 반드시 찾아내야 한다. 그래야 성공한다.

내가 잘 알고 있는 분야의 상품을 선택하라

개인의 취향보다는 대중의 니즈를 고려하여 아이템을 고르는 것도 중요하다. 예를 들면 의류가 그렇다. 시장에서는 땡땡이 패턴이 유행하고 있는데 개인적 취향이라고 해서 호피 무늬 옷을 팔고 있다면 아무래도 곤란하다.

하지만 의류처럼 대중적인 아이템이 아닌 경우 내가 잘 알고 있는 분야의 상품을 선택하는 것이 좋다. 그래야 우선 내가 즐겁고, 다른 셀러와의 경쟁에서 이길 수 있으며, 고객의 신뢰를 얻을 수 있다. 무엇보다도 그래야만이 훨씬 더 즐거운 '나만의 직장'을 만들 수가 있는 것이다.

내가 잘 알고 있는 분야란 창업하기 전에 종사했던 직업과 관련된 경우가 많다. 덕분에 상품의 질을 판단할 수 있는 전문성이 있고, 저렴한 구입 단가를 책정할 수 있고, 시장을 보는 눈이 있고, 업무와 관련된 인맥이 잘 형성되어 있다. 그것이 곧 경쟁력이다.

만일 마니아 수준의 취미가 있다면 이 역시 내가 잘 아는 분야라고 할 수 있다. 제 아무리 천재도 즐기는 사람을 이길 수는 없다. 그래서 한 살이라도 젊을 때 본업 외에 취미를 가질 필요가 있다. 그것이 향후 돈이 될 만한 취미이든 남들이 보기에 쓸모없어 보이는 소일거리이든 그건 중요치 않다. 내가 어릴 때부터 가지고 있던 꿈, 평소에 남들보다 조금이라도 더 잘한다고 칭찬받는 일 등을 취미로 발전시킨다면 창업과 함께 시작되는 인생 후반전에 유의미한 아이템이 될 것이다. 10년 후의 세상에 어떤 상품이 최상의 가치를 갖게 될지 아무도 모른다. 어떤 직업이 새로 생기고, 잘나가던 직업의 인기가 어떻게 식을지 아무도 알 수가 없다. 취미 활동. 그러니 오늘부터 당장 실천에 옮기자.

만일 취미만 알고 사업에 대해서는 잘 모르는 사람이라면 일부러 해당 분야의 직장에 들어가서 일을 배워 보는 것도 아주 좋은 방법이다. 성공한 사람들의 인터뷰를 보면 이런 말들이 종종 나오지 않는가.

"최저 생계비에도 미치지 못하는 월급이었죠. 하지만 이를 악물었어요. 일도 가르쳐 주면서 심지어 창업 자금도 주는구나. 그렇게 긍정적으로 생각했습니다."

성공한 사람들에게는 성공할 수밖에 없었던 이유가 있다는 점을 명심하자.

MD가 좋아하는 상품을 선택하라

11번가 판매자 서비스센터와 셀러존을 적극 활용해야 하는 것은 두말하면 잔소리다. 앞서 설명한 것처럼 교육과 노하우, 서비스 지원을 누릴 수 있는 곳이다. 어떻게 하면 셀러들이 성공할 수 있을까를 고민에 고민을 거듭하여 만든 시스템이므로 이곳과 친해져서 손해 볼 일은 없다.

나아가 11번가에서 판매할 상품을 기획하는 MD_{Merchandiser}를 공략해야 한다(MD가 누구이고, 무엇을 하는 사람인지는 뒤에서 따로 설명하도록 하겠다). MD들은 기본적으로 트렌드에 맞는 상품, 단독으로 독점 공급이 가능한 상품, 재고를 많이 확보한 히트 상품, 시장에서 가장 저렴하게 제공할 수 있는 상품, 아이디어 상품 등 경쟁력 있는 상품을 선호한다. 나아가 추가 사은품이나 마케팅 혜택을 줄 수 있는지, 상품 설명 페이지를 깔끔하고 명확하게 구성했는지, 구매 후기 및 Q&A 관리가 잘되고 있는지도 중요하게 따진다.

가장 좋은 MD 공략법은 11번가 홈페이지에서 '판매자 공지 사항'을 자주 확인하는 것이다. 기획 공모, 정책 및 시스템 신설, 변경 사항 등을 발 빠르게 확인할 수 있어야 적절한 대응을 할 수 있다. MD가 운영하는 시즌 기획전이나 카테고리 기획전은 수시로 진행되니 만반에 준비를 하고 있다가 상품 제안서 양식에 정보와 상품을 꼼꼼히 기재하여 적시에 제안한다면 훨씬 효과적일 것이다. 일찍 일어나는 것만으로는 부족하다. 재빨리 먹이를 찾는 새가 되어야 성공한다.

흔히 하는 셀러들의 불만 중 하나가 "오픈마켓의 MD 만나기가 하늘의 별 따기다. 매일 바쁘다는 핑계만 대고 만나 주지 않는다"는 것이다. 반은 맞고 반은 틀린 말이다.

MD가 진짜 바쁜 것은 맞다. 셀러는 단 한 명의 MD만을 바라보지만 MD는

MD에게 상품을 제안하라

다시 한 번 간단하게 요점만 정리한다

상품 제안 시 필수 내용 입력(판매자 정보, 상품 번호, 상품명, 기존가, 제안가 등) ➜ MD에게 제안 ➜ MD는 제안서를 검토하고 상품 선정 ➜ MD 기획전에 노출

1. 상품을 제안하는 이유

· MD와의 협업을 통한 매출 상승

· 프로모션 참여 기회의 확대(카테고리 기획전, 특가 코너, 종합 메일 등)

· 방문 고객 및 구매 고객의 증대

· 시장 트렌드 등의 정보 교류

2. 제안에 적합한 상품

· 시즌에 부합하는 상품

· 가격 경쟁력이 있는 상품

· 이색적인 상품

· 추가 구성과 혜택이 차별화된 상품

100명의 셀러를 만나야 하기 때문에 시간에 쫓기는 것은 사실이다. 따라서 무작정 전화를 해서 "어떤 상품이 잘 팔릴까요?"라고 묻거나 미팅 약속을 잡는 것보다는 임팩트 강한 상품 판매 제안서를 첨부하여 이메일로 보내는 것이 더 현명한 방법이다.

이메일을 보낼 때는 꼭 필요한 말만 간결하게 하고, 명확하게 팩트를 담아 작성하는 것이 좋다. 내용이 모호하고 장황한 형태의 메일은 피해야 한다. 읽다가 지치면 아무래도 우선순위에서 밀리게 되는 것이 인지상정이다. 정확한 판매 기간, 광고 및 판매 전략, 예상 매출, 예상 수익 등을 담아서 보내는 것이 좋다.

MD는 결코 셀러들을 감시하거나 불편을 주려고 존재하는 사람들이 아니라는 점을 이 자리를 빌려 다시 강조한다.

재고 관리의 달인이 되라

오픈마켓에서 매우 자주 일어나는 사고가 재고 및 반품과 관련된 것들이다. 인기가 좋을 때는 품절. 인기가 없을 때는 재고. 계산에 넣지도 않았던 느닷없는 반품. 이것이 늘 셀러를 힘들게 한다.

주문은 많이 받았는데 막상 보낼 상품이 없다면 고객의 클레임 폭주, 주문 취소, 신용도 하락 등의 문제가 생긴다. 그렇다고 해서 무턱대고 많이 사 두었다가 주문이 그에 미치지 못하면 재고는 고스란히 손해가 된다. 흔히 초보 셀러들이 하는 실수다.

물론 생산에 필요한 물리적인 시간이 있기 때문에 미리 물량을 확보해 두는 것도 중요하다. 특히 의류인 경우 타이밍을 놓치면 실패하기 때문에 더욱 그렇다. 하지만 그럼에도 불구하고 재고는 늘 조심해야 할 물건이다. 부족하지도 넘치지도 않는 재고 관리의 감을 하루빨리 가져야 한다.

재고, 반품, 재구매. 아이템을 선정할 때 가장 중요하게 생각해야 할 부분이다. 반품이 많은 상품은 티셔츠, 신발, 청바지 등의 패션 상품이며 반품이 적은 상품은 컴퓨터와 관련된 상품들이다. '일단 산다'와 '알고 산다'의 차이는 꽤 크다. 옷처럼 일단 구매해서 물건을 직접 봐야 하는 것은 반품률이 높고, 컴퓨터처럼 이미 알고 구매한 상품은 반품률이 낮다.

또한 기저귀, 분유 등의 유아용품은 정기적으로 반드시 재구매, 즉 '계속 산다'를 해야만 하는 아이템이다. 자동차 타이어처럼 재구매 기간이 길지 않은 상품은 단골을 만들기에 용이한 아이템이다.

유통 단계는 짧게, 유통 기한은 길게

되도록이면 제작 기간과 유통 단계가 짧은 상품이 좋다. 제작 기간이 길면 수급 및 배송에 문제가 생길 수 있고, 유통 단계가 길면 상품의 신선도에 문제가 있을 수 있다. 유통 기한은 당연히 그 반대다. 가능하면 식품처럼 유통 기한이 짧거나 냉동이 필요한 상품은 창업 아이템으로 피하는 것이 좋다. 이러한 문제는 반품으로 이어지기 쉽고, 고객 불만과 품질 문제로 인한 반품은 셀러의 신뢰도에 치명적인 약점으로 작용하게 된다. 파손이 쉬운 아이템도 당연히 피하는 것이 좋다.

대박만 좇는 경우 재고만 안게 된다

초보 셀러들은 유난히 귀가 얇다. 남들의 매출에 현혹되기 쉽다. 대박 난 계절상품이 있다는 소문만 믿고 다양한 색, 다양한 사이즈를 비축해 두기도 한다. 이는 옳지 않다. 아이템의 가짓수를 늘리다가 뱁새 꼴이 날 수도 있다.

상세 페이지 작성에도 어려움이 있고 자칫 재고 부담으로 이어질 수 있다. 특히 의류인 경우 두 시즌 정도 앞서가면서 기획해야 한다. 지나간 대박은 잊고 다가올 중박을 준비하는 것이 현명하다.

| 아이템을 찾는 방법 |

그렇다면 잘 팔릴 상품, 값싸고 질 좋은 상품을 어디서 어떻게 찾을 것인가? 크게 3가지 방법이 있다. 발로 뛰기, 눈으로 찾기, 벤치마킹하기가 그것이다. 먼저 발로 뛰기다.

오프라인 상품 판매 대행

아직도 적지 않은 오프라인 도매상들이 인터넷 판매를 하지 않고 있다. 그들을 찾아 상품을 소싱하는 것도 좋은 방법이다. 특히 처음 창업하는 셀러라면 일단 도매업체로부터 상품을 받아 시작하는 것이 좋다. 그 상품으로 트렌드를 파악한 후에 별도의 생산업체에서 특정 상품을 구매하는 것이 안전한 판매 방법이다.

원수입(제조) 업자의 상품 판매 대행

주문자 상표 부착 생산(OEM: Original Equipment Manufacturing) 방식이나 자체 제작(PB: Private Brand)으로 판매되는 상품들은 원수입(제조) 업자와 셀러가 동일인이 아닌 경우가 많다. 즉, 누구라도 새로운 셀러가 될 수 있다. 그런 상품들을 찾아보자. 만일 좋은 상품이 있는데 인터넷에서 만날 수가 없다면 상품 뒤에 적힌 공장의 주소를 보고 찾아가는 성의라도 보이자. 열정을 가지고 발로 뛰어야 살아남는다. 발에 땀이 나도록 뛰는 런닝맨을 이길 수 있는 사람은 많지 않다.

지방 소상인의 상품

지방에는 의외로 장인, 명인, 생활의 달인들이 많다. 가끔씩 신문의 구석이나 TV 정보 프로그램의 VJ 카메라 끝에 걸리기도 한다. 이런 상품이 바로 희소성이다. 이 역시 발로 뛰어서 찾고, 만나보도록 하자. 의외로 환영받을 것이다.

전시회나 박람회에서 찾는 방법

우리 주변에는 늘 크고 작은 전시회와 산업 박람회가 열리고 있다. 그곳은 6개월이나 1년 후의 시장을 보여 주는 타임머신 같은 역할을 한다. 늘 발을 움직여 박람회장을 찾고, 눈과 귀를 움직이자. 그곳에는 당신을 기다리는 또 다른 셀러들이 있다.

이상이 '발로 뛰기'라면 각종 매체를 활용해 고객의 빠른 트렌드 변화를 감지하는 방법과 미국의 이베이나 중국의 알리바바 등 해외 사이트를 조사하여 저렴한 상품을 찾아내는 방법이 '눈으로 찾기'다. 끝으로 다른 오픈마켓이나 가격 비교 사이트 등의 인기 상품을 찾아서 연구하는 방법이 '벤치마킹하기'다.

벤치마킹에 대해 첨언을 하나 하자면 오픈마켓의 특징 중에 따라쟁이가 많다는 사실이다. 잘나가는 아이템이 있다 싶으면 단순히 벤치마킹으로 끝나는 것이 아니라 덤핑이라고 하는 가격 경쟁으로 치고 들어오기 일쑤다. 최

"있어야 할 건 다 있고요, 없을 건 없답니다."
노래 〈화개장터〉처럼 오픈마켓에는 없는 게 없다. 게다가 상상을 초월하는 고가의 상품들도 있다.
11번가 역사상 가장 비싼 매물은 우크라이나 에어로콥터 사의 'AK1-3 레저용 경량 헬리콥터'로서
가격은 무려 2억 7000만 원이었다. 그전에는 9900만 원에 달하는 '나만의 맞춤 경비행기'가 매물로 나오기도 했다.
국내 항공업체인 도원항공이 제작한 '제니스 스톨 CH-750'이 그 주인공인데 실제로 한 대가 판매되었다.
경비행기 구매를 부담스러워하는 소비자들을 대상으로는 1일 체험권을 10만 원에 판매했다.
지난 2014년에는 스위스 명품 시계인 '브레게' 남성용 시계가 11번가를 통해 주인을 만났다.
가격은 개당 347만 원. 모두 3개가 판매됐다. 정품 인증 여부나 상품의 질에 대한 의심 때문에
백화점 명품관에서만 판매되던 상품이 온라인으로 이동한 것이다. 독일의 명품 카메라인
'라이카 티타늄 에디션'도 3750만 원에 판매되고 있다. 이런 상품도 있지만 주류, 담배, 의약품,
살아 있는 생물(개나 도마뱀 등), 시력 보정용 안경, 음란물, 위조품 등은 판매할 수 없으니
판매 주의 사항을 꼼꼼하게 살펴보는 것이 좋겠다.

다음 중 11번가에서 팔았던 적이 없는 상품은?
1. 캠핑 트레일러(1억 9000만 원)
2. 2시간 30분의 우주여행 상품(2억 원)
3. 목조 조립식 주택(2억 7000만 원)
4. 할리데이비슨 오토바이(1600만 원) 및 전기 자동차(970만 원)
5. 굴착기(4500만 원)
6. 행사 진행 개그맨 섭외(1시간당 150만 원)
7. 연예인 야구단과 경기(추첨)
8. 친환경 채소(시세)
9. 관광버스 전세(거리 및 이용 기간에 따라 상이)
10. 짐바브웨이의 100조 원짜리 지폐(4500원)

정답 _ 없다. 위 상품들은 모두 11번가에서 판매된 적이 있는 상품이다.
대부분 국내 최초로 선보인 독특한 상품들이어서 화제가 된 바 있다.

소한의 마진도 무시한 채 무조건 최저가로 판촉하는 셀러들도 부지기수다. 따라서 만일 안정권에 들었다면 거기에 안주하지 말고 계속해서 새로운 아이템을 개발하고 서비스의 질을 높여야 한다. 끊임없는 자가 발전과 변혁이 없다면 1년을 버티기 힘든 게 이 시장이다. 빅 셀러도 5년을 장담하기 힘들다. 직장 생활이 힘들다고? 비교도 되지 않는다. 세상에서 가장 힘든 게 남의 지갑을 여는 일이다.

| 브랜드 결정 |

습관이나 관습을 의미하는 영어 단어는 '커스텀custom'이고, 고객을 의미하는 단어는 '커스터머customer'이다. 즉, 과거의 경험을 바탕으로 습관적인 방문을 하는 사람이 바로 고객이다. 그렇다면 그들을 연속적인 방문으로 이끄는 힘은 무엇일까? 그것은 바로 브랜드다. 그리고 브랜드에 대한 신뢰다.

브랜드란 수많은 경쟁 셀러들 사이에서 고객이 나를 발견할 수 있게 만들어 주는 '형광펜' 같은 존재이다. '신뢰할 수 있는 셀러'라는 차별점에 그어진 "밑줄 쫙!"이 바로 브랜드의 힘이고 가치인 것이다. 치열한 경쟁 시대에 고객의 눈길을 끌고 선택을 받기 위해서는 이 형광색이 꼭 필요하다.

브랜드가 없다면 고객에게 지속적으로 상품을 알릴 기회가 없으며, 그렇게 되면 단발성 구매로 끝나고 말 것이다. 상품에 대한 좋은 기억과 경험을 저장할 매체가 없다면 습관적이고 관습적인 관계를 유지할 수 없다. 상품의 재구매가 불가능해지는 것이다.

과거에는 품질이 우수하고 가격이 저렴한 브랜드로 많은 사람이 몰렸다. "값이 싸다."는 것 자체도 하나의 브랜드였다. 하지만 이제 고객의 니즈는 다양해졌다. 싸면 그만이라고 생각하지 않는다. 그 이상의 무엇을 요구하고 있다. 고객들이 명품 브랜드를 구매한 뒤 얻어 가는 것이 바로 그 이상의 무엇이다. 그것은 바로 기대 가치와 구매 만족이다.

"유명 브랜드의 상품이니까 나에게도 만족도를 주겠지?"로 시작해서, "역시 써 보니 좋군. 괜히 명품이 아니군. 비싸지만 가치가 있어. 게다가 다른 사람들도 다 부러워하잖아."를 거쳐, "역시 A/S도 명품급이야. 주변에 소문을 내야겠군."으로 끝나는 것이 바로 명품 브랜드의 선순환이다.

품질을 사전에 확인할 수 없는 상품일수록 브랜드 로열티Brand Loyalty에 의지하는 구매 경향이 높다. 브랜드 로열티란 브랜드에 대해 고객이 갖는 호의적인 태도를 말한다. 한마디로 브랜드의 이름값을 믿고 사는 것인데, 브랜드 충성도가 높을수록 반복적인 구매 성향을 보인다. 그래서 기업들이 시너지 효과를 기대하고 동일한 브랜드 안에서 신제품의 판매 촉진 활동을 벌이는 것이다.

브랜드 로열티는 개인에게도 마찬가지로 적용된다. 바야흐로 개개인 모두가 하나의 브랜드인 시대다. 상대방에게 "그 사람은 일을 잘해. 믿고 맡겨도 돼."라는 믿음을 주어야 무한 경쟁의 시대에 살아남을 수 있다. 상대방의 지갑 속에 간직되는 귀한 명함이 되어야지 버려지는 명함이 되어서는 안 된다. 개인의 브랜드는 자기 계발을 통해서만 만들어질 수 있다. 명품이 될지 땡처리 상품이 될지는 전적으로 개인의 노력 여하에 달려 있다.

자, 어쨌든 창업을 앞둔 사람이라면 자체 브랜드에 대한 고민을 해야만 한다. 브랜드 작명은 '뻐꾸기'나 '고니'처럼 컴퓨터 바탕 화면에 폴더 하나 생성하는 게 아니다. 대충 지어서는 안 된다. 한 번 지으면 오랜 기간 사용해야 하기 때문에 무엇보다 사업주의 애정이 담긴 브랜드가 좋다. 전문가들은 작명의 원칙을 다음과 같이 정리한다.

첫째, 친근하며 기억하기 쉬울 것. 둘째, 경쟁사와 차별성이 있으며, 향후 상표 도용을 막을 수 있을 것. 셋째, 소비자가 사업의 내용을 유추할 수 있도록 연관성이 있을 것. 넷째, 유행하는 단어나 어구의 사용으로 식상함을 주지 않을 것 등이다. 끝으로 향후 사업 확장성까지 고려하여 브랜드 네임을 선정하고, 가능하다면 확정된 상표와 도메인의 등록을 고려하는 것이 좋다. 향후 인지도가 높아진 다음에 상표 등록과 도메인 확보가 안 되어 아까운 이름을 버리는 경우도 종종 봐 왔다.

| 사업자 신고와 세금 납부 |
사업자 신고

사업을 개시한 날로부터 20일 이내에 사업장 관할 세무서 또는 홈택스 (www.hometax.go.kr)에 신청하면 즉시 사업자 등록증을 받을 수 있다. 그 순간부터 정말 '사장님'이 되는 것이다.

사업자는 연간 매출액(공급 대가)이 4800만 원 이상이면 일반 과세자, 그 미만이면 간이 과세자로 구분된다. 일반 과세자는 부가 가치세가 과세되는 거래를 할 때 세금 계산서를 교부할 수 있으나, 간이 과세자는 세금 계산서를 교부할 수 없어 타 업체와의 거래나 제휴에 있어 제한이 있을 수 있다.

또한 통신 판매업 신고도 해야 한다. 말 그대로 통신에 의해 주문을 받고 배송으로 주문 상품을 인도하는 판매 방법인 통신 판매 사업을 하고 있다면 국가에 신고를 해야 한다는 뜻이다. 지난 2012년 8월 18일부터 시행에 들어간 전자 상거래법에 따르면 사업성이 있는 간이 과세자라면 통신 판매업 신고를 해야 한다고 명시하고 있다. 따라서 일반 과세자는 물론 간이 과세자도 통신 판매업을 반드시 신고해야 한다. 신고 대상은 최근 6개월 동안 판매 건수가 10회 이상이면서 판매 총합 600만 원 이상인 경우 모두 해당된다.

사업자 등록증에 기재된 사업 개시일로부터 30일 이내에 관할 구청 지역경제과 또는 민원24(www.minwon.go.kr)에서 신청하면 된다. 이를 어길 경우 15일 이상의 영업 정지와 최고 3000만 원 이하의 벌금을 부과받을 수 있으므로 주의해야 한다. 또한 통신 판매업 신고증은 11번가에 제출해야 한다.

세금 납부

사업을 하면서 가장 신경 쓰이고, 귀찮은 분야가 바로 세금이다. 재화와 용역을 공급하는 셀러는 사업자 등록을 하고, 세금을 신고하고, 납부해야 할 의무가 있다. 특히 오픈마켓을 통한 매출은 100% 오픈되기 때문에 세금 신고는 성실하게 준비해야 한다. 일반적인 경우 법인 사업자는 1년에 4회, 개인 사업자는 2회 신고하며, 개인 간이 과세자는 1년을 과세 기간으로 하여 신고 및 납부하게 된다. 만일 간이 과세자로 신고했다면 영세 사업자로 분류되어 낮은 세금을 적용받을 수 있다.

또한 해당 과세 기간의 공급 대가가 2400만 원인 경우 부가 가치세의 납부 의무를 면제받는다. 이 경우 부가 가치 세법상 가산세(단, 미등록 가산세는 제외)도 부과되지 않는다. 단, 납부 의무 면제 대상인 경우에도 부가 가치세는 신고해야 한다.

만일 사업을 목적으로 하지 않는 개인 셀러의 경우라고 하더라도 사업자 등록을 하지 않고 계속 혹은 반복적으로 판매를 할 경우 매출액에 상관없이 사업성이 있다고 판단하여 과세 및 벌금 등의 불이익을 받을 수 있으므로 주의해야 한다.

실제로 오픈마켓 초창기에 세금에 부담을 느낀 셀러가 지인들을 활용하여 여러 개의 ID를 개설하는 등의 방법으로 세금 신고를 미루다가 세금 폭탄을 맞은 적이 적지 않았다. 사업자 셀러 전환은 11번가 홈페이지를 통해 신청이 가능하다.

| 상품 판매 |

자, 이제 아이템도 골랐고, 회사의 이름도 정했고, 사업자 등록도 마쳤다. 이제부터 상품을 등록해서 팔면 된다. 고객에게 실물을 보여 줄 수도 없고, 마주 앉아 설명을 할 수도 없으니 특별히 신경을 써야 하는 부분이다.

온라인에서의 상품 판매는 크게 4단계로 나뉜다. 상품 등록 → 마케팅 → 포장 및 배송 → 반품 및 교환이 그것이다.

상품 등록

올바른 카테고리 등록 _ 대부분의 고객들은 오픈마켓의 카테고리나 판매자의 브랜드(닉네임)를 통해 상품을 찾고 구매한다. 따라서 판매하고자 하는 상품을 올바른 카테고리에 등록하지 않으면 고객과 만날 수 있는 기회를 잃어버리게 된다. 만일 자신의 상품 카테고리가 존재하지 않거나 구분이 불분명할 시에는 유사 카테고리에 등록을 해 본 후 판매가 일어나는 곳에 등록하는 것도 방법이다.

3초의 법칙 _ 소비자들이 오픈마켓에 들어와서 체류하는 시간은 평균 30분을 넘지 않는다. 그렇게 상품을 검색하던 고객이 구매하기로 마음먹는 데 걸리는 시간은 평균 3초에 불과하다는 통계도 있다. 그 짧은 시간 안에 고객의 마음을 사로잡아야 한다. 화면에 머물러 있는 시간이 판매로 직접 연결되므로 가능한 한 오랫동안 머물게 해서 구매로 이어지게 만들어야 한다. 기껏 방문을 유도해 놓고 매출로 이어지지 않는다면 아무 소용이 없다. 이를 위해서는 고객에 대한 배려, 특별한 그 무엇이 필요한데 그것이 바로 상품 상세 페이지와 세심한 설명이다.

세심한 설명 _ 상품을 등록하면서 설명만큼 중요한 것도 없다. 수많은 경쟁 상품들 사이에서 내 상품을 돋보이게 할 수 있는 방법은 오직 설명뿐이다. 상세 정보는 오프라인 매장의 디스플레이와 같은데, 가상의 공간이니 자세하고, 흥미 있고, 차별화된 설명이 아니라면 고객을 설득할 수가 없다. 페이지를 구성할 때 상단 영역은 메인 상품, 즉 대표 이미지에서 보여 준 상품과 동일한 상품을 배치하고, 상세 소개는 간결하고 명확하게 만드는 것이 좋다. 다만 정보는 정확한 표현으로 최대한 상세히 보여 주는 것이 좋다. 사이즈, 색상, 용도, 성분, 원산지, 상표권 내역, 반품 조건 등은 자세하면 자세할수록 좋다.

이어지는 회사 소개나 이벤트에 대한 설명은 장황하기보다는 간단명료한 이미지나 텍스트로 구성하는 것이 좋다. 많은 양의 텍스트는 오히려 가독성을 떨어뜨려 페이지 이탈을 초래할 수도 있다. 말이 많은 사람일수록 실속 없어 보이는 것과 같은 이치다.

'내 물건이 싸고 좋으니까 알아서 사겠지'라고 생각하면 큰 착각이다. 고객이 원하는 정보를 구체적으로 제시하는 것은 물론이고, 미처 고객이 생각하지도 못한 부분까지 친절하게 설명한다면 신뢰를 높일 수 있을 것이다. 이것이 바로 고객에 대한 세심한 배려다. 이런 세심함이야말로 고객의 문의 및 반품을 줄일 수 있는 방법이니 여러모로 도움이 될 것이다.

연관 구매를 유도하라 _ 견물생심의 심리를 이용하는 것이다. 고객도 사람이다. 게다가 쇼핑을 할 생각으로 사이트에 접속한 사람이다. 당연히 싸고 좋은 물건이 눈에 보이면 클릭을 하게 마련이다. 그래서 상세 페이지에 세트 구성을 제안하여 보여 주는 '코디네이션'이 중요한 것이다.
이러한 연관 구매를 유도하지 못한다면 성공한 셀러가 될 수 없다. 비록 온라인 공간이지만 백화점 매장에서 직원의 친절한 서비스를 받으며 상품을 고른다는 착각이 들 정도로 배려를 해 줘야 고객은 부드럽게 클릭을 하게 된다.

정직하지만 세련된 사진 _ 실물을 보지 못하고 구매하는 온라인 고객의 입장에서 상품 사진은 그 무엇보다 중요하다. 고객의 마음을 사로잡는 사진이란 정직한 사진이다. 고객이 보고 싶어 하는 것을 보여 주는 사진이다. 포토샵 효과 등으로 과장되거나 왜곡된 사진은 판매에 도움이 되지 않는다. 이런 '과대 포장'은 재구매를 방해하는 요소임은 물론이고 나아가 반품 사유가 될 수도 있다. 있는 그대로 최대한 상품과 동일하게 보이도록 하는 것이 중요하다. 진실은 언제나 승리한다. 눈속임으로 잠깐은 넘어갈 수 있지만 영원할 수는 없다.
나아가 지나친 고퀄리티 이미지와 과도한 옵션 사용은 로딩 속도를 느리게 해서 오히려 고객이 짜증을 낼 수도 있으니 과유불급이다.

참고로 11번가에 등록된 셀러라면 누구나 이용이 가능한 '11번가 셀러존'에는 의류, 주얼리, 리빙 등 카테고리 상품 특성에 맞게 5개의 콘셉트로 꾸며진 스튜디오가 있다. 셀러들이 상품의 특성에 맞게 연출할 수 있도록 배려한 공간으로서 피팅룸과 메이크업룸까지 겸비하고 있다. 대실료는 시중가의 50-70% 미만이며, DSLR 카메라를 비롯하여 조명, 삼각대, 렌즈 등의 장비와 소품은 무료 사용이 가능하다. 또한 현장에 상주하고 있는 전문 포토그래퍼와 상담 매니저의 도움을 받아 전문가 같은 촬영을 할 수 있다.

마케팅

적을 알고 나를 알아야 백전백승이다. 이는 베스트 상품을 공략하라는 뜻이다. 모름지기 얇더라도 길게 갈 셀러라면 자신이 판매하려는 카테고리의 베스트 상품과 그것을 팔고 있는 빅 셀러를 늘 모니터링하고 있어야 한다. 늘 베스트 100과 탑 10에 촉각을 곤두세우고 필요한 부분은 벤치마킹하여 적절히 활용하는 응용력이 있어야 그 카테고리 안에서 오래 살아남을 수 있다.

잘나가는 동종 업체는 어떻게 광고와 마케팅을 하는지, 가격은 언제 어떻게 변하는지, 왜 고객의 후기가 좋은지 등을 면밀히 분석해야 한다. 세상은 넘버원과 베스트 원만을 기억한다. 남들이 하는 것과 똑같으면 안 된다. 그러면 그저 그런 셀러가 되고 만다.

광고 전략도 중요하다. 상품 점수를 높여 주는 리스팅 광고와 키워드, 전시 광고 등의 채널을 이용하는 것도 좋다. 오픈마켓은 다량의 상품들이 존재하기 때문에 주로 검색을 통해 원하는 상품을 찾아 구매하는 고객이 많다. 따라서 가장 효과적인 광고 중 하나가 검색 키워드 광고다. 이 광고를 진행하기 위해서는 고객들이 어떤 상품을 검색했는지 인기 키워드를 파악하는 것이 중요하다.

특히 모바일과 웹으로 나누어 키워드 조회 수를 확인하는 것이 필요하다. 만약, 웹의 조회 수가 모바일보다 많다면 11번가 웹 최상단에 노출되는 '추천 상품' 광고를, 모바일의 조회 수가 더 많다면 모바일 최상단 광고인 'TOP 클릭' 광고를 진행하는 것이 바람직하다. 인기 키워드에 따라 웹, 모바일에서 어떤 광고를 주력으로 할 것인지 선택과 집중이 필요한 것이다.

11번가에서는 이러한 조사와 분석을 통해 광고 컨설팅을 지원하고 있다. 일례로 모 업체에 12월부터 모바일 11번가의 TOP 클릭 광고를 4주 이상으로 제안했더니, 11월 모바일 매출 비중이 34%에서 1월 설날 전까지 44%로 10% 가까운 성장을 하기도 했다.

포장 및 배송

"내 마음의 / 횡경막을 울리는 / 그 남자의 / 발걸음 소리 / 택배요!"

2013년 아이유를 모델로 했던 CF에 인용되었던 하상욱 시인의 시 〈택배 왔어요〉의 전문이다. 요즘 아내와 아이들이 "아빠 왔다."보다 "택배 왔습니다."를 더 좋아한다는 농담에서 아이디어를 얻은 광고였다. 그런데 이런 선물을 함부로 포장한다면?

포장 _ "뽁뽁이 넣고 박스 테이프로 둘둘 감아서 보내면 되는 거지. 뭐. 어차피 팔렸는데."라고 하는 셀러들도 있는데 그래서는 안 된다. 포장은 고객과의 첫 대면이다. 상품이 손상되지 않게 꼼꼼하고 튼튼하게 포장하는 것은 기본이다. 배송 과정에서의 파손 및 손상으로 인해 반품은 물론이고 구매 후기에 악평을 남기는 고객들도 많다.

또한 포장도 브랜드다. 어떻게 하면 경쟁사와의 차별화에 성공할 수 있을까를 고민해야 한다. 나만의 독특한 포장은 차별화된 고유 브랜드를 만들어 줄 수 있으며, 포장에 표시된 브랜드는 걸어 다니는 광고판이 되어 여러 사람에게 홍보할 수 있는 수단이기도 하다. 작은 메모지 한 장이 큰 차이를 만들어 주기도 한다. 경쟁사와 차별화가 가능해짐은 물론, 적은 비용으로 최대의 효과를 얻을 수 있는 수단인 것이다.

오픈마켓에서 판매자 지원용으로 판매하는 포장재는 품질도 좋고 가격도 저렴하니 물량이 적은 초기 셀러라면 구입을 고려하는 것도 좋다. 안전한 포장과 함께 고객 신뢰를 동시에 얻을 수 있으니 일석이조로 유용하다. 향후 사업이 안정권에 들어서고 물량이 많아질 때 자체 브랜드 로고를 인쇄한 박스를 별도 제작하는 것이 좋다.

배송 _ 배송의 기본은 안전하고 빠른 전달이다. 주문 후 다음날 받는 것에 익숙해져 있는 요즘 고객들에게 배송 지연에 대한 불만은 상품의 품질보다 우선되는 경우가 많다. 빠른 배송이 불가능할 경우는 반드시 배송 예정일을 통보하여 고객의 불만과 그로 인한 취소를 줄이도록 해야 한다. 또한 저가의 상품을 판매하는 경우 택배 비용의 차이가 구매 결정에 큰 영향을 미칠 수 있으므로 다양한 택배사와 협상을 통해 기존의 판매자들과 동일한 수준으로 계약을 하는 것이 중요하다.

안전 거래를 위해
꼭 지켜야 할
수칙

1. **상표권** _ 위조품은 상표, 로고, 디자인 등을 무단으로 도용한 상품으로,
   상표법에 저촉되어 징역 또는 벌금형에 처해질 수 있다.
   유명 상표명을 이용하는 광고(-스타일, -st. -풍 등)도 이에 해당된다.
2. **퍼블리시티권** _ 상품 광고 시 유명인이나 연예인의 이름 및 초상권 등을
   무단으로 사용해서는 안 된다. OOO 꿀벅지 등이 그 예다.
3. **저작권** _ 저작권자의 허락 없이 사진을 캡처하여 사용하는 것 역시 안 된다.
4. **개인 정보 이용 수칙** _ 판매 과정 중 제공받은 개인 정보는 반드시 배송 목적으로만 활용해야 하며,
   마케팅이나 다른 목적으로 사용하거나 수집해서는 안 된다.
5. **허위 / 과대광고** _ 소비자를 현혹하거나 소비를 촉진하기 위해 허위 사실이나
   과대광고를 할 경우 규제 기관 신고에 의해 벌금 등의 행정 처분을 받을 수 있다.

반품 및 교환

반품 및 교환을 줄이기 위한 최선의 방법은 솔직하고 자세한 상품 설명이다. 상품 구입 시 유의할 점 등을 확실하게 밝히고, 고객의 궁금한 점을 미리 알려 줘야 반품 및 교환을 줄일 수 있다.

판매자와 고객 간의 반품 및 교환으로 발생하는 분쟁은 판매자가 '반품 및 교환 불가'라고 기재했더라도 '전자 상거래에 의한 소비자 보호에 관한 법률'에 의해 대부분 고객의 손을 들어 주게 되어 있다. 따라서 어떤 경우라도 반품 및 교환 요청은 인정하고 받아 주는 것이 좋다. 그 어떤 셀러도 고객을 이길 수는 없다. 고객의 요청에 긍정적으로 인정하고 받아 주는 자세는 입소문을 통해 다른 고객에게 전달될 수 있으므로 장기적인 관점에서 보면 이 또한 마케팅의 수단이 된다.

| 고객 관리 |
빠른 답변

고객 관리의 기본은 성실한 응답이며, 그 기본은 빠른 답변이다. 고객은 셀러를 기다리지 않는다. 상품에 대한 궁금한 점이 있다면 셀러에게 게시판이나 연락처를 통해 해결하고자 한다. 이때 어떤 셀러가 먼저 응답을 했느냐가 구매에 큰 영향을 미친다. 수시로 문의 게시판을 확인하며 언제든 문의 전화를 받을 수 있도록 습관화해야 한다.

직원 교육

고객은 대표자가 있을 경우에만 전화하지 않는다. 이때 판매자와 직원의 답변이 동일하지 않거나 직원이 고객보다 전문적이지 않다면 고객은 구매를 미루고 다른 셀러의 동일한 상품을 구매하게 될 것이다.

FAQ를 작성하여 아예 상품 정보에 콘텐츠로 올려 두고, 임직원은 이를 수시로 외워서 일정 수준 이상의 전문가가 되도록 훈련해야 한다. 당연히 알고 있는 내용도 흥분한 고객이 물을 때는 당황해서 기억이 나지 않을 수도 있다. 이것은 고객의 궁금증 미해결일 뿐만 아니라 상품에 대한 전문성이 부족하다는 인식을 심어 주어 판매에 악영향을 끼칠 수 있다.

고객은 항상 여러 셀러의 상품을 비교하고 분석한다. 생각보다 아주 꼼꼼하다. 따라서 임직원 모두 경쟁 셀러의 상품까지 제대로 이해해야 고객의 문의에 완벽한 응대를 할 수 있다.

이것이 사고 대응 매뉴얼이다. 매뉴얼만 확실하면 실수는 반에 반으로 줄일 수 있다. 이러한 고객 관리는 자연스럽게 재구매로 이어지게 될 것이다. 그렇지 않고 달랑 손님 한 명의 불만이라고 치부하며 무시했다가는 하인리히 법칙Heinrich's law 을 몸소 느끼게 될 것이다.

구매 후기 관리

구매자가 상품을 구매하기 전에 구매 후기에 할애하는 시간이 상품 페이지에서 머무는 시간의 60% 이상을 차지한다는 분석이 있다. 처음부터 후기를 보고 마음을 정하는 고객도 있고, 마음을 정한 뒤 마지막 단계에서 점검하는 고객도 있다. 결과는 마찬가지다. 후기가 좋지 않으면 구매를 주저하게 되고, 아르바이트생이 쓴 후기가 아닌지 의심스러울지라도 내용이 좋은 상품에는 마음을 열기 마련이다.

상품에 대한 고객의 문의와 구매 후기에는 언제나 진심을 담아 답글을 달아야 한다. 그러면 좋다가 아니라 꼭 그래야만 한다. 잡은 물고기에게 밥 줄 필요 없다고 생각하면 안 된다. 그런 노력이 언젠가 다시 좋은 구매 후기로 돌아오게 된다. 비록 좋지 않은 후기일지라도 진심으로 응대하고 잘 관리한다면 고객의 감동이 2배가 될 수 있고 언젠가 재구매로 이어질 수 있다. 판매자가 나의 작은 질문에도 관심을 갖고 있다는 느낌을 고객이 가질 수 있도록 만들어 줘야 오래가는 셀러가 될 수 있는 것이다. 입소문의 일파만파는 의외로 높고 깊다는 것을 명심하자. 이것이야말로 돈 안 들이고 효과 만점인 마케팅이다.

고객의 불평을 들어 주는 것만으로도 고객의 마음을 붙잡을 수 있다

실패한 셀러들의 공통점 중 하나가 "장사 하루 이틀 하나. 남들보다 싸면 무조건 잘 팔려."라는 식의 안일한 생각을 가지고 있다는 것이다. 천만에 말씀이다. 소비자는 다르다. 싸다고 해서 길거리에서 아무나 파는 물건을 사지는 않는다. 적어도 판매자에 대한 신뢰가 바탕으로 깔려 있어야 한다. 이런 식으로 근거 없는 자신감을 가지고 있다가는 정말로 하루 이틀만 장사하게 될 수도 있다.

우연히 들른 고객이 단골이 될지, 적이 되어 자신을 공격하게 될지는 셀러하기 나름이다. 신규 고객을 유치하는 데 드는 비용은 기존 고객을 유지하는 비용보다 5배가 더 소요된다고 한다. 일부 산업은 10배까지 보기도 한다.

또한 상품과 서비스에 만족한 고객은 평균 3명의 주변인에게 이 사실을 전파하고, 불만족한 고객은 평균 10명의 주변인에게 전파한다는 조사도 있다. 불만이 있었지만 불평을 통해 문제를 해결한 고객의 80%는 고객으로 남을 수 있고, 불만족스러웠지만 불평하지 않은 고객의 91%는 두 번 다시

구매하지 않고 등을 돌렸다고 한다. 불평할 가치조차 느끼지 못했기 때문일까? 만일 고객에게 다가가 불평을 들어 주는 것만으로도 이탈 고객의 35%를 잡을 수 있다고 하니 늘 고객에게 관심을 가지고 귀를 열어 두어야 할 것이다.

말하고 듣는 의사소통을 통해 서로를 알게 되고 신뢰를 쌓게 된다. 신뢰야말로 사업의 제1원칙이다. 단골집에 왜 자주 가게 되는지 우리는 너무나 잘 알고 있다. 언제나 한결같은 품질과 친절, 친구 같은 주인, 그것만큼 강한 무기도 없다.

오픈마켓에도 단골 가게 설정의 기능이 있다. 단골 가게로 설정을 한 고객에게 판매자가 할인 쿠폰을 제공하고, 지속적인 관리를 통해 추가 구매로 이어지게 하는 것이 중요하다. 고객을 만족시키는 것을 뛰어넘어, 고객 유지에 심혈을 기울이면 고정 고객은 점점 늘어날 것이다.

사실 이런 오픈마켓 판매 노하우는 책 한 권으로 써도 모자란다. 그래도 굳이 요점만 간추린 이유는 행간에 숨은 뜻이 있기 때문이다. 위의 내용들은 단순히 물건 잘 팔기 노하우를 나열한 것이 아니다. 나름대로 개인의 자기 계발에도 중요한 요소들이다. 예를 들어 나라는 사람은 오픈마켓에 올라온 상품과 같다. 만천하에 오픈된 발가벗겨진 상품 말이다. 팔리고자 하는 상품이라면 이런 고민부터 시작해야 한다.

"인생이라는 매대 위에서 전시된 나는 어떤 희소성이 있는 상품일까? 어떤 브랜드 로열티를 가지고 있을까? 좋은 물건이 되기 위해 발로 뛰고 있는가? 어떻게 해야 쇼핑 카트에 담기는 선택 상품이 될 수 있을까? 구매 후기가 좋은 사람이 되려면 어떻게 행동해야 할까? 누군가의 불평을 들어 주는 것만으로도 커뮤니케이션의 절반은 성공한 것이라는데 나는 그렇게 살고 있는가? 창업이 인생의 후반전을 시작하는 것이기 때문에 어마어마하게 중요한 게임이라는데 나는 몸을 풀고 있는가?" 등을 고민하는 시간이 되었어야 한다는 말이다.

이 모든 질문에 필자가 일일이 다 댓글을 달 수는 없을 것이다. 고객마다 니즈가 다르고 그 답은 셀러 자신만이 알고 있는 고유의 영업 비밀이기 때문이다. 하지만 11번가 오픈하우스에 왔는데 뭔가 하나라도 장바구니에 담아 드려야 하지 않겠는가? 계속해서 조금씩 파헤쳐 보도록 하자.

오픈마켓에서 실패하는 11가지 이유

어느 분야나 비슷하겠지만 성공하는 사람이 있으면 실패하는 사람도 있게 마련.

오픈마켓에서는 보통 셀러의 95% 정도가 겨우 명맥을 유지하고, 5%가 수익을 내는 것으로 보고 있다.

열심히 하지 않아서 그럴 것이라고? 착각이다. 모두 죽기 살기로 열심히 하고 있다.

그건 기본 중에 기본이다. 문제는 창업 전에 준비를 철저히 하지 못했다는 것이다.

사업을 시작한 뒤에도 그 노하우를 깨닫지 못하고 있다는 것이 문제이다.

소위 잘나가는 빅 셀러들은 창업을 준비하고 있는 새내기 셀러들에게 다음과 같이 충고한다.

이런 사람이라면 실패하기 쉬우니 창업하지 말라고 얘기한다.

1. 판매 중인 아이템 관련 경력이 1년 미만이며, 선택한 아이템에 확신도 없는 사람.

2. 부업이라도 본업처럼 생각하고 뛰어야 하는데 취미로 여기는 사람.

3. 평소에 인터넷 쇼핑을 전혀 하지 않아 구매자들의 성향을 이해하지 못하는 사람.

4. 그래서 시장과 고객을 분석하지 못하고, 차별화된 전략을 수립하지 못하는 사람.

5. 광고나 상품 상세 페이지의 중요성을 인식하지 못하는 사람. 상품 사진도 대충 찍고 마는 사람.

6. 더 이상 투자할 여유 자금이 없는 사람.

7. 예상대로 판매가 되지 않는다며 금세 포기하고, 사업에 재미를 느끼지 못하는 사람.

8. MD를 110% 활용해야 하는데 MD와의 좋은 관계조차 유지하지 못하는 사람.

9. 일단 팔고 나면 나 몰라라 하는 사람. 포장은 물론이고 구매 후기를 쳐다보지도 않는 사람

10. 반품 등의 클레임을 받고도 무시하며 빠른 조치를 취하지 않는 사람.

11. 열정이 없으면서도 열정이 있다고, 열심히 하지 않으면서 열심히 한다고 믿는 사람.

11가지 질문 중 과반수 이상 해당된다면 늦기 전에 다른 길을 찾아보는 것이 좋다.

MD란
_ 누구인가?

앞서 언급된 MD에 대해 알아보는 시간이다. 현재 필자의 명함에는 'OM 총괄 상무'라고 적혀 있다. 11번가의 간판인 오픈마켓 영업과 관련된 모든 업무를 총괄한다는 뜻이다. 그전에는 MD로서 오랜 기간 활동했다.

쇼핑·유통업과의 인연은 1998년 한국까르푸에 입사하면서 시작되었다. 2001년부터는 SK텔레콤의 자회사인 넷츠고에서 운영하던 인터넷 쇼핑몰 'Happy2buy'에서, 2005년에는 SK컴즈에서 운영하던 네이트몰과 싸이마켓에서 커머스사업팀 팀장을 맡았다. 그리고 2008년부터 본격적으로 11번가를 거닐기 시작했다. MD그룹 그룹장, MD본부 본부장을 거쳐 2013년 12월부터는 SK그룹의 임원으로 승진하여 현재는 OM총괄 상무를 맡고 있다.

MD. 지금이야 MD가 흔히 쓰이는 단어가 되었지만 입사할 당시만 해도 MD를 두고 "뭐냐? 의학 박사Doctor of Medicine냐? 최첨단 미사일 방어 체제 Missile Defense냐?"면서 농담을 던지는 친구들도 있었다. MD 상품이라는 말은 들어봤지만 MD라는 직업에 대해서는 구체적으로 몰랐던 것이다. 그럴 때마다 나는 "모든(M) 것을 다(D)한다고 해서 MD라 부른다."고 눙치곤 했다. 이건 또 무슨 의미일까?

MD란 '머천다이즈 merchandise'의 약자로서 우리에겐 MD 상품이라는 말로 먼저 익숙해진 단어였다. MD 상품이란 어떤 브랜드가 자사의 고유 아이덴티티를 부여해 판매를 목적으로 특별히 기획된 상품을 의미했고 일명 기획 상품이라 불렸다.

예를 들면 스타벅스 매장에서 팔고 있는 텀블러가 그것이다. 텀블러에 자사 로고를 강조한 이유는 매장에서만 스타벅스를 즐기는 것이 아니라 가정으로 돌아가서도 스타벅스의 문화를 즐기라는, 그리하여 스타벅스를 잊지 말고 다시 소비하기 위해 찾아오라는 의도로 기획된 마케팅 상품인 것이다. 최근에 뮤지컬 〈지킬 앤 하이드〉가 과학실에서 사용하는 메스실린더 모양의 유리컵을 만들어서 판매한 것도 차별화된 마케팅의 일환이었다.

이러한 일련의 마케팅 활동을 '머천다이징merchandising'이라 부르는데 저렴한 비용으로 브랜드를 알릴 수 있어 화장품, 외식업, 패션, 엔터테인먼트, IT 벤처 기업 등 다양한 분야에서 활용되고 있다.

머천다이징은 19세기 말 유럽과 미국에서 생겨난 연쇄점 형태의 '체인 스토어chain store'라는 판매 유통업체에서 시작했다. 그리고 미국과 라틴아메리카의 여러 나라에 소매점과 통신 판매망을 두고 있는 세계 최대의 잡화 소매상 '시어스 로벅Sears, Roebuck and Company'이 1920년대에 머천다이저 제도를 채택, 체계화시키면서 널리 퍼지기 시작했다. 이처럼 100년이 다 되도록 활용되는 마케팅 툴은 아마 없을 것이다. 그만큼 중요하다는 의미다.

| MD는 모든 것을 다 한다 |
상품의 기획부터 판매까지

머천다이징이란 기업이 어떤 특정 상품이나 서비스를 시장에 제공함에 있어서 적절한 장소, 시기, 가격, 수량 등에 관한 계획과 그 관리를 말한다. 고객에게 어필할 수 있는 상품을 만들어서 시장에 적절하게 제공하는 관리 기술이므로 소비자의 니즈는 물론이고 잠재된 욕구까지 자극할 만한 창조적인 상품을 선보여야 한다. 상품 merchandise에 사람을 가리키는 접미사 '-er'을 붙인 '머천다이저merchandiser'이다.

세상에는 수없이 많은 상품이 존재하는데 소비자가 이 모든 상품의 정보를 접하고, 이해하고, 구매하기가 사실상 불가능하기 때문에 머천다이저들이 물건을 선별하거나 기획해서 제시하는 상품 기획 업무를 맡게 되었다. 이 책에서 계속 거론하게 될 MD가 바로 이러한 상품 기획자, 즉 MD다. 이 직업을 제대로 이해한다는 것은 관련 종사자들에게는 오픈마켓 공략법이 될 수도 있을 것이고, 예비 취업자들에게는 일종의 직업 체험의 기회가 될 수도 있을 것이다. 게다가 노동부가 선정한 21세기 유망 직종이니 알아 두면 적어도 손해는 아닐 것이다.

상품의 기획부터 판매까지, 생산자의 손에서부터 소비자의 손에 이르기까지 모든 과정을 관리하고 책임지는 MD의 주요 업무는 다음과 같다. 이쪽 분야의 일에 관심이 있는 사람이라면 눈여겨보는 것이 좋겠다.

| MD는 어떤 일을 하는가 |

시장 조사 및 정보 분석

어떤 상품이 언제 얼마나 팔릴 것인가를 계획하기 위해 시장 조사 및 판매를 예측하는 정보 분석 업무가 그 첫 번째다.

MD는 늘 온오프라인 시장을 조사하고 분석한다. 이에 근거한 트렌드, 경쟁사, 소비자 요구도 파악하고, 마케팅 계획도 세운다. 시장 환경 분석이란 고객Customers, 경쟁사Competitors, 자사Company를 분석한다는 것이며, 이 3C 분석을 위해 시장을 세분화하고Segment, 목표를 설정하고Targeting, 상품의 적절한 포지셔닝Positioning을 하는 STP 전략을 수립해야만 한다.

이 과정에서 4P라는 마케팅 전략을 수립한다. 시장에서 반응이 좋을 것 같은 상품을 기획하고 만드는 프로덕트Product, 경쟁력을 갖기 위해 상품의 합리적인 가격을 결정하는 프라이스Price, 어떤 채널에서 어떻게 상품을 유통시킬지 고려하는 플레이스Place, 고객과의 커뮤니케이션과 판매 촉진을 위한 프로모션Promotion이 4P 이론이다. 여기에 효율적인 플랜Plan과 결국 이 모든 것을 사람이 한다는 의미에서 피플People을 추가하여 6P라고 부르기도 한다. 그 마지막 P가 바로 MD이다.

이건 아주 중요한 이야기이다. 세상만사 모든 일이 결국은 사람이 하는 일이다. 쇼핑도, 인생도 결국은 사람이다. 회사도, 시스템도 인본주의에 바탕을 두지 않으면 오래갈 수가 없다.

상품 기획

어떤 소비자를 대상으로 어떤 상품을 기획할 것인지 설정하는 것도 MD의 주요 업무다. 상품은 다음과 같은 4가지 경우를 통해 선정된다.

MD가 소비 트렌드를 파악하고 응용하는 5가지 방법

트렌드란 물결이다. 대중의 물결이란 곧 유행이다. 그 흐름을 주목하고, 분석하고, 응용하는 것이 바로 MD가 할 일이다. 다음은 트렌드를 분석하는 방법이다.

데이터 수집하기 & 징후 포착하기

우리는 정보 홍수의 시대에 살고 있다. 눈만 뜨면 갖가지 정보가 쏟아져 밀려들어 온다. 그냥 떠밀리지 말고 그 데이터들 안에서 어떤 공통점을 찾아보자. 트렌드는 그 흐름을 형성하기 전에 계속해서 어떤 징후를 내보인다. 무신경하게 받아들이는 정보 속에 미래의 키워드가 숨어 있을 수 있으니 늘 데이터에 촉각을 곤두세우자. 수집하고 정리하다 보면 핵심이 보인다. 만일 여름과 가을을 거치면서 안전 관련 뉴스가 자주 나온다면 '다가오는 겨울에는 안전을 강조한 전열기가 더 많이 팔리지 않을까?'라고 생각하는 것이 중요하다. 과거의 데이터 역시 다가올 미래의 트렌드를 분석함에 있어 매우 중요하다. '지난 10년 새 이상 기온으로 겨울이 겨울답지 않았다면 올 겨울도 비슷하지 않을까? 그렇다면 어떤 아이템이 인기를 끌 것인가?'를 연구하는 것 역시 MD의 중요한 역할이다.

관찰하기 & 핵심 발견하기

트렌드 변화의 징후를 포착하는 방법 중 가장 좋은 것이 거리 관찰이다. 관찰을 통해 시장의 무엇이 어떻게 변하고 있는지, 대중이 어떤 움직임을 보이고 있는지 알아내야 한다. 카페에 앉아 창밖을 바라보는 것이 그래서 중요한 일이다. '이어폰을 귀에 꽂고 다니는 젊은이가 많아졌군.', '왜 갑자기 검정색 미니스커트가 많아졌지?'

분석하기 & 상상하기

관찰을 통해 이러한 추세를 알았으면 그 이유가 무엇인지 분석해 봐야 한다. 알았다면 그 다음 단계로 발전해야 한다. 알기만 하면 아무 소용이 없다. '날씨가 더워지면서 두꺼운 헤드폰을 쓰지 않는군. 귀에 땀이 차니까 말이지. 그렇다면 땀이 차지 않는 헤드폰은 없을까? 어디 한번 찾아보자.'

활용하기 & 창조하기

트렌드를 조사하고 분석하는 이유는 현실을 파악하고 미래를 준비하기 위함이다. 트렌드를 분석했으면 창조의 순간이다. '이러한 트렌드의 변화가 나에게 어떤 기회로 작용할 것인가?'를 생각하고 행동하는 것이 활용하기와 창조하기다. 시장에서 새로운 기회를 만들어 내는 것이다. 여름에 사용하기 좋은 이어폰을 찾아보고, 휴가철에 어울리는 컬러로 구성하고, 혹은 검정색 미니스커트에 어울리는 스니커즈를 발굴하는 행동들이 바로 그것이다. 다만 트렌드의 변화가 너무 빠르기 때문에 항상 파악한 내용은 그 즉시 활용하는 순발력이 필요하다.

첫째, MD가 직접 셀러를 통해 별도 제작을 요청한다.

둘째, 경쟁력 있는 신상품은 시즌/트렌드 및 상품 경쟁력을 고려하여 카테고리를 나누면서 선별한다.

셋째, 경쟁사를 벤치마킹한 상품이다. 경쟁사의 주요 채널을 주기적으로 검토하여 자사에 적합한 상품을 선정한다.

넷째, 셀러가 제안한 상품 중에서 선별하는 경우가 있을 수 있다.

상품 생산

생산에 필요한 문제를 검토하고 설정하는 업무로서 일별, 월별, 날씨 등의 특수성을 고려하고 사회적인 이슈, 최근 동향 등의 외부 변수를 고려해야 한다. 트렌드 분석이 중요한 이유다. 또한 노출 및 판촉 효과, 역효과, 상품의 수급 상황 등 내부 변수도 고려한다.

판매 촉진

판매 활성화를 위한 계획을 세우는 업무로 프로모션 기획에 따라 상품의 노출도 및 해당 MD의 매출로 이어지기 때문에 상당히 중요한 업무 영역이다.

우선 MD와 셀러는 프로모션을 진행하기 위해 이벤트 가격, 배송 기간, 수수료 및 쿠폰, 노출 일정 및 진행 기간, 사이트 내 노출 위치 등을 협의한다. 그 전제 조건으로 MD는 셀러로부터 최적의 조건으로 최선의 상품을 소싱해야 한다. 동시에 셀러는 구매 고객에게 최적의 조건으로 최선의 상품을 제공하겠다는 미션을 수행해야 한다.

또한 상품에 대한 고객의 클레임 등을 해결하는 C/S 업무도 MD의 몫이다. 소비자들은 11번가를 통해 구매한 물건에 불만이 생길 경우 일단 11번가에 전화부터 걸기 시작한다. 그럴 때 "그것은 셀러의 책임이지 11번가는 모르는 일이오."라고 할 수는 없다. 그래서도 안 된다. 생산부터 소비까지 11번가는, 그리고 MD는 모든 것을 관장하고 책임져야 한다.

매출 증대 및 매출 분석

MD는 매출 증대를 위해 영업 관리, 상품 운영, 채널별 상품 기획, 광고/마케팅 관리, 채널 운영 등을 해야 한다.

첫째, 영업 중인 셀러들을 상시적으로 관리하고, 미입점 셀러를 발굴해 오픈마켓으로 영입하는 영업 관리.

둘째, 시즌, 트렌드, 타깃, 마켓, 가격, 경쟁사별 분석을 통해 적절한 아이템을 찾는 상품 운영.

셋째, 이벤트 프로모션 기획에 맞는 상품을 발굴하거나, 메일·썸네일·기획전 등 노출 채널에 맞는 상품을 발굴하는 채널별 상품 기획.

넷째, 철저한 분석을 통해 효율적인 마케팅을 제안하고 노출된 이후 효율 분석 등을 통한 사후 관리.

최근엔 머천다이징이 상품화 계획을 넘어 판매 촉진, 영업, 관리, 광고, 선전 활동 등을 포함한 넓은 의미로 사용되면서 단순한 상품화 계획을 '프러덕트 플래닝 product planning'이라고 부르기도 한다.

CM Category Manager 이라는 직업군도 있는데, 이는 온라인 쇼핑몰에서 담당 상품을 알리기 위한 마케팅을 진행하고, 셀러와 소비자를 효율적으로 연결하고 관리하는 업무를 맡는다. MD가 영업 관리, 상품 운영, 광고/마케팅 관리, 채널 운영 등을 통해 매출 증대에 기여한다면, CM은 마케팅 전략, 프로모션, 운영 관리 등에 주력한다. 상호 유기적이고 효율적인 업무 진행이 필요한 짝꿍 부서라고 할 수 있다.

| MD란 소비자에게 질 좋은 상품을 참신한 아이디어로 소개하는 큐레이터 |

MD란 결국 소비자들에게 질 좋은 상품을 참신한 아이디어로 소개하기 위해 존재하는 사람들이다. 또한 상품이 고객에게 선택되도록 유도하는 사람들이다. 하지만 하루에도 수천수만 개가 넘는 상품들이 시장에 쏟아져 나온다. 그중에는 소비자들의 시선을 사로잡는 상품들도 있지만 제대로 빛도 보지 못하고 사장되는 상품들이 태반이다. 여기서 MD의 능력이 발휘된다.

좋은 MD란 진흙 속에 묻힌 진주를 찾아내는 것은 물론이고, 이를 깨끗이 닦아 광을 낸 뒤 소비자들에게 소개할 줄 알아야 한다. 그러기 위해서는 기획력과 분석력이 필요하다. 반면에 나쁜 MD란 고객이 요구하는 상품이 무엇인지도 모르고, 게을러서 공부도 하지 않고, 소비자 및 셀러와 대화하지 않는 사람이다. 이들에게는 관리력과 협상력이 부족하다. 이렇듯 분석력, 기획력, 관리력, 협상력이 MD에게 절대적으로 필요한 4가지 능력이다.

MD란 늘 발로 뛰면서 시장을 조사하고, 경쟁사들은 어떤 상품을 팔고 있는지 분석하고, 다음 계절이나 내년의 트렌드까지 미리 분석해야 한다. 그게 잘나가는 MD의 기본자세다. 책상 앞에 앉아서 상품의 흠이나 잡고 있다든가, 마케팅 팀이 일을 못한다고 흠이나 봐서는 안 된다.

MD의
_조건

MD란 정말로 모든(M) 것을 다(D) 하는 직업이다. 상품과 소비자를 이어주는 역할이 마치 프로필 사진을 가지고 남자와 여자의 만남을 주선하는 일과 비슷하다며 '마담 뚜'의 약자라고 하는 사람들도 있다.

오픈마켓과 소셜 커머스로 양분된 이커머스 시장은 점차 소셜 커머스 쪽으로 힘의 균형이 기울고 있는 상황이다. 소셜 커머스가 '큐레이션 커머스 curation commerce'라는 별명을 추가로 얻게 되면서 이 추세는 더욱 가속화되는 상황이다.

오픈마켓이 다양한 상품으로 소비자에게 필요성을 인지시킨 뒤 효과적으로 소구하는 시장이었다면, 소셜 커머스는 선별된 상품을 제안하면서 소비자의 필요성을 자극하는 방식을 택했는데 이것이 바로 큐레이션인 것이다.

큐레이션 커머스란 소비자들의 니즈에 맞는 상품을 선별해 제공함으로써 쇼핑 과정을 소비자 위주로 재편한 전자 상거래의 형태를 말한다. 미술관이나 박물관에서 주로 통용되는 큐레이션(정보를 수집, 선별, 전파)을 전자 상거래에 접목한 개념인 것이다. 11번가에서 2014년 상반기부터 야심차게 추진하고 있는 '쇼킹딜11시' 역시 큐레이션 커머스다.

| MD에게 필요한 4가지 능력 |
분석력, 기획력, 관리력, 협상력

최근 들어 MD에게 요구되는 역량이 바로 이 큐레이터로서의 역할이다. 차고 넘치는 정보의 홍수 속에서 옥석을 가려 고객에게 제시하고, 가려운 곳을 알아서 긁어 주는 역할. 또한 소비자가 평소에 염두에 두지도 않았던 상품을 제안함으로써 충동적으로 구매할 수 있게 만들어야 한다.

여기서 큐레이션 마케터의 역할은 엔터테이너의 영역까지 확대된다. 소비자들에게 흥미와 킬링 타임 등의 비가격적 소구점으로 접근해야만 상품의 잠재적 필요성을 효과적으로 자극할 수 있기 때문에 엔터테인먼트의 필요성이 더욱 커지게 된 것이다.

참고로 보통 구매 행동은 합리적이고 이성적인 판단에 의해 결정된다고 생각하지만 이는 오산이다. 쇼핑은 즐거운 유희 활동이다. 무언가를 얻는다고 생각할 때 뇌의 쾌감 중추인 측좌핵Nucleus accumbens이 활성화되는데 이는 쾌락과 만족을 기대하고 느끼게 되는 부위다. 불필요한 상품을 계속해서 사는 이유가 바로 이 때문이다. 구매한 뒤에 후회를 하게 되더라도 일단 당장의 만족감이 크기 때문에 구매 행위에 집착하게 되는 것이다.

MD는 다음과 같은 기본기를 갖춰야 한다.

1. 박학다식한 팔방미인 → 그래야 분석할 수 있다.

2. 상품에 대한 관심과 호기심 → 그래야 기획할 수 있다.

3. 숫자에 대한 감각 → 그래야 기획과 분석이 실패하지 않는다.

4. 셀러와 상생하겠다는 마인드 → 상호 원원. 그것이 진짜 협상이다.

박학다식한 팔방미인

상품 판매를 연애에 비유해 보자. 연애 박사란 언제나 상대를 즐겁게 해 주는 사람이다. 아는 것도 많고, 못하는 것도 없어야 즐거운 연애에 성공할 수 있다. 그런데 상대를 즐겁게 해 주려면 먼저 상대의 성격과 취향 등을 제대로 분석해야만 한다. 지피지기의 전략으로 불을 지펴야 한다. 좌뇌와 우뇌, 오감과 육감을 총동원해서 참신한 아이디어로 프로모션을 기획하고, 톡톡 튀는 카피로 유혹해야만 연애 상대(고객)를 내 사람으로 만들 수 있다. 물론 이런 연애 박사가 트렌드를 모를 리 없다. 박학다식한 사람이 유행에 민감한 것은 당연하다. MD 역시 이와 비슷하다. 늘 경쟁사의 전략, 오프라인 소비자들의 반응, 박람회의 핫이슈 등을 분석하고 있어야 즐거운 쇼핑을 제안할 수 있다.

또한 MD는 언제나 많은 일을 해야만 하는데, 사돈에 팔촌까지 동원해서라도 신속하게 추진해야 하는 경우도 많아 순발력도 요구된다. 순발력 역시 다방면에 지식이 없다면 쉽게 생기지 않는다. 못하는 것도 없고, 안 하는 것도 없는 전천후 해결사가 바로 MD다.

상품에 대한 관심과 호기심 그리고 애정

MD는 소비자들의 니즈와 원츠needs & wants를 동물적 감각으로 파악하고 분석하여 기획에 반영할 수 있어야 한다. 빠르게 상품의 장점을 잡아내서 소비자들에게 어필할 수 있어야 하는데, 그러기 위해서는 무엇보다 상품에 대한 애정이 있어야 한다. 사랑하는 만큼 보이고, 많이 봐야 알 수 있으며, 또 반대로 많이 봐야 사랑하게 된다. 남녀가 연애를 할 때도 그렇지 않은가.

좋아해야 더 많은 상품을 더 관심을 갖고 볼 수 있고, 시장의 최신 트렌드 정보에 민감해야 빠르게 변화를 잡아낼 수 있다. 다음 달, 다음 분기에 대한 정확한 예측과 시즌 별 이슈 및 트렌드에 발 빠르게 대응하려면 세상일에 호기심도 많아야 한다. TV 드라마는 물론이고 신문, 잡지, SNS 등을 통해 대중문화에 대한 촉각을 늘 세우고 있어야 한다. 요즘 소비자들이 원하는 상품이 무엇인지 고민하고 정답을 찾아내야 한다. 과연 시장에 어떤 상품을 내놓아야 뜨거운 반응을 보일지에 대한 아이디어가 있어야 한다. 그것이 분석력이고 기획력이다. 아는 만큼 기획할 수 있는 법이다. 이는 꼭 MD가 아니더라도, 다른 업종에서 일을 하더라도 직장인이라면 꼭 가져야 할 기본자세다. 예를 들어 지금 막 시작한 16부작 드라마의 첫 회를 보고 나서 시청률이 좋으니 관련 상품을 준비하는 것은 누구나 할 수 있다. 훌륭한 MD라면 드라마의 캐스팅 뉴스를 접하는 그 순간부터 기획을 시작해야 한다.

장동건을 주인공으로 한 가을 편성의 드라마가 촬영을 시작했다면 장동건의 트렌치코트, 슈트, 구두 등의 코디는 기본이고, 그가 모델로 활동하고 있는 브랜드의 가을 상품까지도 관심을 가져야 한다. 고소영의 행보도 파악해야 한다. 그래야 "가을 남자에게 어울리는 핫 아이템"을 기획할 수 있다. 김수현이나 이민호의 다음 작품이라면 중국인들에게 어필할 가능성이 크므로 그들을 겨냥한 상품을 미리부터 기획할 수도 있을 것이다.

숫자에 대한 감각

상품에 대한 정교한 분석을 통해 판매와 거래액을 정확히 예측할 수 있어야 한다. 기획이 아무리 좋아도 분석이 시원치 않으면 좋은 결과를 이끌어내기 어렵다. 이 분석력은 숫자를 기본으로 한다.

특히 데이터 관리는 모든 업무의 기본이다. 기존 데이터는 시장을 전망할 수 있는 질 좋은 현미경과 같다. 최대한 자세히 가까이 보면 살아 있는 시장 경제의 세포를 볼 수 있을 것이다.

MD에게 요구되는 관리력은 데이터 분석 외에도 상품 관리력이 있다. 상품 기획은 MD의 기본 업무이다. 품목별, 브랜드별, 타깃별로 포지셔닝을 달리 가져갈 수 있는 능력이 필요하다.

셀러와 상생하겠다는 마인드

MD의 일상은 업무의 특성상 미팅과 협상, 그리고 검토의 연속이다. 새롭고 좋은 상품을 유치하기 위해 꾸준히 셀러들과 미팅하면서 좋은 관계를 유지해야 한다. 이때 필요한 것이 바로 셀러 관리력이다.

협상에서 가장 중요한 것인 MD가 마치 슈퍼 갑인 것처럼 행동하면서 셀러들에게 일방적인 희생을 강요해서는 안 된다는 점이다. 상생의 협력 관계가 무너지면 갑이고 을이고 다 소용이 없어진다. 지금 당장 눈앞의 이익만 좇다가는 미래를 놓칠 수가 있으니 장기적으로 생각해야 한다. MD는 절대로 셀러 위에 군림할 수 없다는 점을 명심해야 한다.

또한 새로운 셀러를 발굴하는 것도 매우 중요한 역할이다. 따라서 활동적이고, 성향이 적극적이고, 대인 관계가 원만한 사람에게 알맞은 직업이 바로 MD라고 할 수 있다.

힘든 만큼 기쁨도 2배

그렇다면 과연 어떤 사람들이 MD라는 직업에 어울릴까?

소싯적에 껌 좀 씹었고(경험이나 깡다구 좀 있고), 미팅 주선도 잘 하고(그만큼 주변에 지인이 많고), 술자리에서 대화가 끊기지 않을 정도로 다방면에 상식이 있고(혹은 관심이 많고), 마네킹이 입고 있는 옷을 그대로 사서 입지 않고(비록 적은 아이템이지만 레이어드 코디로 멋을 낼 줄 알고), 식당 앞에서 대충 아무거나 먹자는 상사의 말을 싫어하고(메뉴판을 보면서 인원수와 취향에 맞게 요리조리 주문하기를 좋아하고), 부지런하고 스마트한 기획력을 가진 사람이라고 자부한다면 일단 가능성이 있다.

지난 2014년 상반기에 인턴사원 36명을 뽑을 때 2500명이 원서를 냈다. 그중에서 MD 인턴은 18명을 뽑았는데 지원자가 1200명에 달했다. 그런데 막상 인터뷰를 해 보니 MD라는 직업에 대해 막연한 동경을 가진 친구들도 적지 않았다. 쇼핑 관련 업종이니 뭔가 있어 보인다고 생각하는 친구들도 있었다. 사회생활을 오래한 선배로서 결론부터 말하자면 "막연함의 끝은 늘 좋지 않았다."는 것.

막상 일을 시작하고 보니 화려하지도 않고, 생각했던 것보다 업무량도 많고, 광범위한 분야를 커버해야 하는 어려움 때문에 중도에 포기하는 경우를 적잖이 봐 왔다. 그때마다 MD가 구체적으로 어떤 일들을 하는지 미리 이해하고 들어왔더라면 좋았을 것이라는 생각을 했다. 사실은 그 안타까움이 이 책을 쓰게 된 의도 중 하나이다.

제조사 MD는 상품 기획력을, 마트나 백화점의 MD는 상품을 매입하는 바이어로서의 능력을, 홈쇼핑 MD는 상품 기획과 세일즈 능력을 우선시하지만, 쇼핑몰 MD는 이 모든 것을 다 갖춰야 한다. 없는 재능까지 총동원해야만 하는 어려운 직업이다.

그래서 그런지, 추진하던 프로젝트가 성공을 거두었을 때 느끼는 희열은 유난히 크다. 오픈마켓 MD의 업무가 특정 분야에 한정되어 있지 않다는 점도 받아들이기에 따라 장점이자 매력이다. 일을 하다 보면 카테고리별로 이동도 많고, 원하는 분야로 옮겨갈 수 있는 기회도 많기 때문에 다양한 경험을 쌓을 수 있다. 월급도 받으면서 다양한 분야의 경험도 쌓을 수 있으니 아무래도 의학 박사보다 낫지 싶다. 월급은 적겠지만 의사보다 되기도 쉽고, 스트레스도 덜 하니까.

별나고 쇼킹한
_ 프로모션

앞서 언급한 4P 이론의 한 요소인 프로모션은 광고, 홍보, 인적 판매, 판촉 전략 등을 포괄하는 것이다. 어떤 분야에서 일을 하건 프로모션 감각이 없으면 성공하기 힘들다. 대중을 이해하지 못하는 사람이 어떻게 대중을 위해 일을 하겠는가.

프로모션 중 하나인 광고란 말 그대로 고객에게 정보를 제공하기 위해 유료로 대중 매체를 이용하는 것이다. 물론, 메시지 통제가 가능하고, 다수에게 전달할 수 있다는 장점이 있지만 효과 측정이 어렵고, 정보의 양이 제한적이라는 단점이 있다.

반면에 홍보란 기업과 대중 사이에 우호적인 관계를 확립하기 위해서 사용하는 툴이다. 뉴스, 기부 및 후원 활동, 간행물 발간 등 광고와 달리 대부분 무료로 진행할 수 있는 것들이다. 신뢰도가 높은 전략이지만 통제가 어렵고 효과가 간접적이라는 단점이 있다.

인적 판매란 직원이 직접 고객에게 구매를 권유하는 방법이다. 전시 판매나 방문 판매 등이 그것인데 직접 대면할 수 있기 때문에 정보의 양과 질이 우수하고 즉각적인 현장의 피드백이 있긴 하지만 고비용에 시간이 오래 걸린다는 단점이 있다.

판촉 전략이란 구매를 촉진하기 위해 단기적으로 제공하는 인센티브 같은 것이다. 즉각적인 효과, 용이한 시행과 결과 측정이라는 장점이 있는 반면에 모방이 쉽고 효과가 단기적이라는 한계가 있다.

| 언제나 소비자를 놀라게 하는 쇼킹한 프로모션 |

지난 2011년 겨울, 디지털그룹의 MD들은 크리스마스 연말연시 휴가도 반납한 채 그 어느 때보다 분주하게 움직이고 있었다. 새해 벽두를 장식할 쇼킹한 쇼핑, 일명 '반값 TV보다 큰 쇼킹 TV' 프로젝트를 준비하느라 모두들 제정신이 아니었다. TV 제조업체인 LDK와 공동으로 기획하고 생산하는 Full HD LED TV를 49만 9000원이라는 쇼킹한 가격에 선보일 계획을 세우고 있었던 것이다. 이 상품은 기존 대형 마트나 홈쇼핑 등에서 판매하던 저가 LED TV보다 가격은 2만 원 정도 비쌌지만 액정이 더 큰 37인치 상품이어서 시장의 반응이 좋을 것으로 기대했다.

사전 준비가 끝난 2011년 12월, 홍보그룹에서 각 언론사에 보도 자료를 발송했다. 자료가 나가자마자 기자들이 전화를 걸어오는 등 평소와 조금 다른 분위기였다. 그리고 새해가 밝았다. 판매 D-1일인 1월 2일, 반값 TV와 관련된 뉴스가 포털 사이트의 메인 화면을 장식했고 소비자들이 들썩이기 시작했다. 선착순 500대 한정이라는 포인트도 적절했다. 그리고 다음 날 11시.

사이트의 문이 열렸다. 그로부터 5분. 500대를 완판하는 데 걸린 시간은 5분이 채 되지 않았다. 기대 이상의 놀라운 결과였다. 하지만 축배를 즐길 시간이 없었다.

홍보그룹에서 준비했던 2차, 3차 전략을 착착 진행해 나갔다. 5분 만에 500대를 완판했다는 기사를 발송했고, SBS, MBC 등의 공중파 방송에서 이를 다뤘다. 그리고 1월 10일 '쇼킹 TV' 2차 판매가 시작되었고 24시간도 되지 않아 2000대를 팔아 치웠다.

이 프로모션의 성공은 홍보그룹의 적절한 전략 때문이기도 했지만 기본적으로 트렌드를 미리 예측한 MD의 상품 기획력과 협상력의 결과였다. 차별화된 상품 기획이 홍보 전략과 맞물려 시너지 효과를 냈던 것이다.

쇼킹 TV 이후에도 쇼킹 시리즈는 계속됐다. 쇼킹 난방가전, 쇼킹 자전거, 쇼킹 유모차, 쇼킹 스피커 등 계절에 맞는 상품, 트렌디한 상품이 쇼킹이라는 공통의 마케팅 키워드를 가지고 소비자와 조우했다.

MD들은 기획 단계부터 제조사 및 총판사 등과 함께 고민해 가며 최적의 상품을 만들어 냈고, 쇼킹한 가격이라는 소구점 외에도 무료 배송, 무료 설치, 무상 A/S 등 고객 중심의 혜택과 서비스를 접목시킨 획기적인 상품을 만들어 냈다.

| 엔터테인먼트 기능이 없다면 쇼킹도 쇼핑도 반감 |

이러한 프로모션을 진행하면서 고려해야 할 점은 첫째, 무엇을 매개체로 커뮤니케이션할 것인가? 둘째, 누구에게 메시지를 전달할 것인가? 셋째, 어떻게 전달할 것인가? 넷째, 어떤 매체를 통해 전달할 것인가? 등이다. 아마

도 2013년 5월에 진행한 '디지털 쇼킹 박스 – 궁금해요? 궁금하면 9900원'이라는 프로모션이 그 적당한 예가 될 것 같다.

쇼킹 박스란 내용물을 비공개로 한 상태에서 저렴한 가격에 박스째 판매하는, 일종의 복불복 프로모션이었다. 스마트폰 케이스, 거치대, 충전기, 이어폰, 파우치 등 디지털 액세서리 3종을 랜덤으로 박스 안에 넣고 9900원에 판매했는데 반응은 가히 폭발적이었다. 판매 개시 하루 만에 6500세트를 완판했다.

비공개 제품으로 무작위로 받는다는 호기심이 소비자들을 자극했다. 어떤 박스를 받던 간에 무조건 저렴하다는 점도 매력적인 요소로 작용했다. 이는 쇼핑을 하면서도 재미를 추구하는 소비 트렌드를 반영한 프로모션이었다.

두 달 뒤에는 "단돈 1200원으로 해외여행 다녀오세요!"라는 광고 문구를 내걸고 '여행 쇼킹박스' 1000세트를 판매했다. 가격은 1200원. 운이 좋으면 시내버스 요금에 불과한 금액으로 방콕 여행 2인 패키지, 베트남 나트랑 왕복 항공권, 국내 특급 호텔 숙박권, 11번가 10만 포인트, 워터파크 이용권, 백화점 상품권, 커피 음료 교환권 등을 살 수 있는 기회였으니 말 그대로 쇼킹한 프로모션이었다. 방콕 여행은 풀 패키지로 1인당 70만 원짜리 상품이었다.

사실 복불복 박스는 일본의 '복주머니'나 스타벅스의 '럭키 박스' 등을 통해 알려져서 소비자들에게 그리 낯설지 않은 프로모션이었다. 하지만 이제는 쇼킹이라는 이름으로 11번가의 대표 프로모션이 되었다. 쇼킹한 프로모션은 앞으로도 계속될 것이다.

| 차별화된 프로모션을 통해 사람 모으기 |
자연스러운 바이럴 마케팅

2011년과 2012년, 두 차례에 걸쳐 진행된 '11km 건강 달리기 대회'와 '11km 득템 W-레이스' 대회도 차별화된 체험형 프로모션 중 하나였다.

특히 2011년은 11번가라는 사명과 공통분모가 있어 여러 행사를 기획했던 해였다. 11번가라는 이름을 더 많이 알려야 할 필요가 있던 때라서 프로모션은 중요했다.

여기에 당시 한창 달아올라 있었던 마라톤의 열기를 접목시켜 보자는 아이디어가 나왔다. 마라톤이라는 대규모 행사를 유치하여 주목도를 높이고, 여기에 기부 행사를 추가해 '2011년 11번가'의 가치를 올려 보자는 것. 좋은 생각이었다. 마케팅에서 무엇을 이야기할 것인지what to say와 이것을 어떻게 전할 것인지How to say가 정해졌으면 반 이상은 고민이 해결된 것이나 마찬가지였다.

참가 인원은 선착순 2011명. 참가비는 11,000원. 100% 지급되는 기본 경품은 6만 원 상당. 기본 코스인 10km만 완주해도 추첨을 통해 다양한 경품을 받을 수 있지만 추가 1km를 더 달려 11이라는 숫자를 완성하면 1인당 1000원의 기부 레이스 포인트가 적립되었다. 1100명이 완주할 경우 추가로 생필품을 더 기부할 수 있었다. 최고 기록을 달성한 남녀에게는 각각 110만 원씩 상금을 수여하고, 11등, 111등, 1111등에게도 선물을 준다는 것이 기본 계획이었다.

늘 하던 운동을 하는 건데 참가비 이상의 선물을 받고, 참가비 중 일부가 불우 이웃 돕기 성금으로 기부되고, 고가의 경품을 받을 수도 있는 행사는 성공적으로 끝이 났다. 기회의 땅만 있으면 언제라도 달리고 싶다는 것이 당시 러너들의 공통된 마음이었는데 꿩 먹고 알 먹는 행사를 준비했으니 대중의 반응은 당연히 뜨거웠다. 이 행사는 '달리기를 통한 기부'라는 의미도 있었지만 11이라는 숫자를 참가자들과 언론을 통해 일반 대중에게 널리 알리는 계기가 되기도 했다.

| 프로모션의 가치는 기본, 홍보까지 책임지는 '기부' |

2011년 행사가 '11'이라는 숫자와 '기부'에 초점을 두었다면 2012년에는 '득템'이라는 엔터테인먼트 기능을 추가했다. 참가비 2만 원을 내면 7만 원 상당의 사은품을 100% 지급하는 등 총 6억 원 상당의 경품을 내걸었다. 운이 좋으면 구간마다 숨겨진 '크루즈 여행권', '노트북', '구찌 핸드백', '디지털 카메라', '한우 세트' 등 11가지 이상의 경품을 획득할 수 있게 기획했다.

결과는 성공적이었다. 총 5000명이 코스를 달렸고, 방문 고객만 1만 명에 달했다. 프로스펙스, CJ팻다운 등 40여 개 브랜드와 공동으로 프로모션을 펼쳤고 더불어 연관 거래가 늘어나는 시너지 효과를 이끌어 내기도 했다.

체험형 프로모션에서 다음의 행사를 빼놓을 수는 없을 것이다. 우리는 '11km 득템 W-레이스'가 끝나자마자 '지상 최대의 러닝 게임 NIKE WE RUN SEOUL 10K!'를 준비했다. 이 행사는 체코 프라하에서 칠레 산티아고까지 전 세계 32개 주요 도시를 100여 일 동안 40만 명이 이어 달리는, 총 길이 371km에 달하는 지상 최대의 레이스였다.

준비한 3만 장의 티켓은 참가 신청이 시작된 지 20분 만에 완판되었고, 접수 시작과 동시에 신청자가 몰려 홈페이지가 마비되는 현상이 벌어졌다. 30분간 누적 트래픽을 살펴보면 페이지 뷰와 유저 뷰가 각각 25만으로 11번가

11km 득템 W레이스

2011년 11km 건강 달리기 대회의 성공에 힘입어 기획된 프로모션. 2011년은 '11'과 '기부'에 초점을 두었다면, 2012년은 '득템'이라는 엔터테인먼트 기능을 더 추가했다. 참가비 2만 원을 낸 소비자에게 7만 원 상당의 사은품을 100% 지급한 것. 운이 좋을 경우 크루즈 여행권, 노트북, 구찌 핸드백, 한우 세트 등 11가지 이상의 경품을 획득할 수 있게 기획된 마케팅이다.

나는 아빠다 캠핑 페스티벌

2013년 6월, 전국을 들썩이게 했던 캠핑의 열기를 아이템으로 연결한 프로모션. 5회에 걸쳐 250가족을 모집했으며, 매회 2분 안에 매진될 정도로 인기가 좋았다. 1000여 명의 소비자가 동시에 참여하며 단일 기준 국내 최대 규모의 캠핑 페스티벌이 되었다.

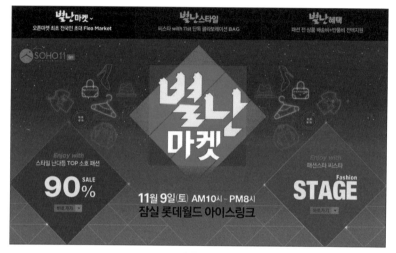

별난 마켓

2013년 11월에 진행한 '별난 마켓' 프로모션 또한 업계의 신선한 반향을 불러일으켰다. 고객과 패션 브랜드 셀러를 직접 연결하는 오프라인 벼룩시장을 개최한 것. 무려 1만 5000명이 행사장을 방문했다. 만족도와 재참가 의사가 높아 소비자는 물론 셀러 모두로부터 11번가의 브랜드 로열티를 확보하는 계기가 되었다.

최고의 트래픽이었다. 〈디아블로 3〉의 순간 최고 트래픽이 유저 뷰 기준으로 9만이었는데 그것을 훌쩍 넘어섰으니 엄청난 프로모션이었다. 당일 연관 검색 횟수 170,144회로 주간 검색어 1위를 차지했고, 레저그룹 전체 거래액도 일 최고 매출을 달성했다.

2013년 6월에는 "나는 아빠다!"라는 이름의 캠핑 대회를 개최했다. 수년 동안 식지 않는 캠핑의 열기를 프로모션 아이템으로 사용하는 것은 당연한 일이었다. 게다가 같은 해 1월부터 방영되기 시작한 MBC 예능 프로 〈아빠! 어디가?〉로 인해 아빠들이 캠핑을 대하는 시선이 달라지고 있던 참이었다. 게으른 아빠들조차 "올 여름부터는 캠핑이라는 트렌드에 동참해야겠다"는 움직임이 일고 있었다.

전년도보다 2배 이상 사이즈를 키워 준비했고 결국 단일 기준 국내 최대 규모의 캠핑 페스티벌이 되었다. 5회에 걸쳐 총 250가족을 모집했는데 매회 2분 안에 매진이 될 정도로 인기가 좋았고, 1000여 명의 참가자가 자라 섬에서 2박 3일 동안 즐거운 시간을 보냈다.

또한 "11번가가 아빠의 떨어진 위상을 캠핑으로 높여 드립니다. Upgrade Our Camping"이라는 슬로건을 내걸어 회사의 신규 BI(Brand Identity)였던 "Upgrade Your Life"의 인지도 확산에도 도움이 되었다. 물론 매출 신장에도 도움이 되었다. 장기간의 행사 고지를 통해 자연스럽게 광고 효과를 누린 건 물론이고 5-6월 캠핑 매출의 견인차 역할을 했다.

캠핑 페스티벌은 고객과의 직접적인 스킨십을 갖기에 더없이 좋은 아이템이었다. 11번가의 임직원들이 대거 현장 스태프로 참가했고, 미리 준비한 오락 프로그램을 진행하면서 근거리에서 고객의 소리를 들을 수 있었다. 행사가 끝나고 설문 조사를 한 결과, 참여자의 만족도가 90%, 재참가 의사가

97%에 달했는데 이는 유례없이 높은 만족도였다.

2013년 11월에 진행한 '별난 마켓' 프로모션도 신선한 반향을 불러일으켰다. 업계 최초로 고객과 패션 브랜드 셀러를 직접 연결하는 오프라인 벼룩시장을 개최했는데, 무려 1만 5000명이 롯데월드 행사장을 방문했다. 만족도와 재참가 의사가 높아 고객과 셀러 모두로부터 11번가의 브랜드 로열티를 확보하는 계기가 되기도 했다.

| 프로모션과 홍보의 최종 목표는 브랜드 가치를 UP! grade |

이런 프로모션을 기획하고, 유치하고, 개최하는 이유는 단순히 입장권 판매와 같은 신규 매출 때문이 아니다. 행사가 성공적으로 끝나면 참여 고객이 자신의 블로그 등에 좋은 후기를 남기게 되면서 자연스럽게 바이럴 마케팅이 이루어지는데, 이는 곧 브랜드 가치의 상승을 의미한다.

"11번가는 뭘 해도 다르다."는 고객의 인식, "11번가는 콘서트를 열고 경품이나 뿌려 대는 단순한 회사가 아니다."라는 인식은 돈으로 살 수 있는 것이 아니다. 현장에서 고객, 셀러, 브랜드 관계자들과 살을 맞대고 행사를 진행하면서 자연스럽게 생기는 것이다. 이런 스킨십의 효과가 뛰어나기 때문에 '고객 참여형·체험형 프로모션'은 큰 의미가 있다.

그리고 그 무엇보다 이런 크고 작은 행사를 치르면서 회사는 물론이고 더불어 발전하는 담당자 개인의 역량도 눈에 보이지 않는 큰 가치다. 비록 주말에 사무실 밖에서 해야 하는 업무가 고되고 힘들긴 하겠지만 이런 과정을 통해 생기는 굳은살은 건강한 피가 되고 단단한 근육이 되기 때문이다. 11번가 MD들은 이런 근육을 열심히 키우고 있는 중이다.

빛나는
_MD의 협상력

앞서 MD에게 필요한 능력 중 하나가 협상력이라고 설명한 바 있다. 사실 협상력이란 MD뿐만 아니라 현대인 모두에게 필요한 능력이다. 협상을 통해서 상대의 모든 것을 다 빼앗는 사람이 잘 하는 사람이라는 뜻이 아니다.

협상의 기본은 적절한 타이밍과 지속적인 설득에 있다. 그러기 위해선 순발력과 지구력이 필요한데 다음이 그런 예들이다.

| 기획에는 순발력, 협상에는 추진력 |

2012년 5월 15일. 전 세계 게이머들이 12년 동안 기다리던 그날의 아침이 밝았다. 미국 블리자드엔터테인먼트의 신작 게임인 〈디아블로 3〉가 출시된 것이다. 이야기는 하루 전날로 거슬러 올라간다.

서울 왕십리 역사에서는 D-1 출시 행사가 열렸고, 전국에서 5000여 명의 게이머들이 몰려들었다. 이들 중에는 이틀 전부터 밤을 새우거나, 휴가를 내고 지방에서 올라온 회사원들도 있었다. 말 그대로 광풍이었고 준비된 4000장의 한정판은 금세 동이 났다.

그리고 그 다음날인 15일 아침 9시. 온라인 쇼핑몰에서도 한정판 판매를 시작했다. 쇼핑몰의 문이 열리자마자 한정판을 구매하려는 게이머들이 한꺼번에 몰리면서 홈페이지가 다운됐다. 웹사이트는 물론이고 모바일 서버까지 동시에 다운되는 초유의 사건이었다.

그 쇼핑몰이 바로 11번가였다. 하루 종일 약 20만 명이 11번가를 방문하고 300만 페이지 뷰를 기록했는데, 이 기록은 단일 기획전 중 최대 방문자로 기록되고 있다. 그렇게 준비된 4000장의 한정판은 판매 개시 30분 만에 매진되었다. 그런데 과연 11번가는 어떻게 경쟁사를 제치고 〈디아블로 3〉 한정판을 판매하는 유일한 오픈마켓이 될 수 있었을까? 어떻게 함께 판매를 시작한 롯데마트의 물량보다 2배나 많은 4000장을 확보할 수 있었을까?

〈디아블로3〉의 출시를 앞둔 어느 날. 한국 내 유통사인 ㈜손오공에서 11번가 등 대표 쇼핑몰에 공통적으로 제안을 해 왔다. 가장 좋은 조건으로 마케팅 플랜을 제시한 업체 한 곳에만 단독으로 한정판을 공급하겠다는 내용이었다.

한정판에는 일반판과 달리 해골 모양 USB 및 게임용 특별 아이템, 〈디아블로3〉 제작 과정을 담은 DVD 등이 포함돼 있어 출시 전부터 팬들의 관심을 끌던 차였다. 11번가로서는 욕심을 내지 않을 수 없었다. 매출도 매출이지만 젊은 고객들에게 11번가를 알릴 수 있는 좋은 기회였기 때문이다.

1차적으로 11번가가 확보한 배너를 총동원하겠다는 제안서를 제출했다. 11번가 메인 배너는 물론이고 네이버, 네이트 등 제휴사의 배너, 그리고 모바일까지 아우르는 것이었다. 이러한 11번가의 제안은 다른 쇼핑몰에도 오

11km 득템 W레이스

2012년 5월 15일, 전 세계 게이머들이 12년간 기다렸던 〈디아블로3〉 한정판이 국내 정식 출시되었다. 5월14일 D-1 행사에 4000명이 몰려들어 준비된 4000장의 1차 한정판 물량이 매진되었으며, 15일 9시 오픈한 지 30분 만에 4000장의 2차 물량 또한 순식간에 팔려나갔다. 이날 하루 종일 약 20만 명의 소비자가 11번가를 방문했으며, 300만 페이지뷰를 기록했다.

픈됐다. 이에 11번가에서는 재빠르게 더 강력한 제안서를 보냈다. 지하철 광고 등 더 많은 광고 매체를 활용하겠다는 2차 제안을 던진 것이다. 이른 바 포커 게임에서 말하는 '레이즈raise' 전술이었다.

레이즈의 노하우 중에는 "타이밍이라고 생각하면 기다렸다는 듯이 비장의 카드를 던질 것", "상대에게 고민할 시간적 여유를 주지 말 것" 등이 있다. 이미 준비하고 있었다는 인상을, 다른 비장의 카드도 가지고 있다는 느낌을 심어 줘야 상대의 기를 꺾을 수 있는 것이다. 또한 상대에게 고민할 시간적 여유를 많이 줘선 곤란하다. 묘수를 고안해 낼 틈을 주면 안 되는 것이다.

이런 식으로 협상을 리드하기 위해서는 정말로 몇 수 앞을 내다보면서 철저한 준비를 하고 있었어야 한다. 준비도 없이 있는 척을 했다가는 거짓말쟁이라는 오명과 함께 신뢰를 잃게 되는 것이다. 그리고 이런 준비는 관련 부서의 빠른 의사 결정이 있었기에 가능한 일이었다.

그렇게 〈디아블로3〉 한정판 단독 판매는 11번가의 몫이 되었다. 런칭과 동시에 "디아블로3 11번가"라는 키워드가 각종 포털 사이트에서 인기 검색어 1위를 차지하면서 브랜드 파워 고취의 효과도 얻어 냈다. 신규 회원 1만 명 이상을 확보할 수 있었으며, 〈디아블로3〉 구매 트래픽으로 인해 관련 카테고리 거래액까지 동반 상승했다. 〈디아블로3〉 일반판도 2만 7000장이나 판매했다.

11번가 MD들의 협상력에 관한 예가 하나 더 있다. 〈디아블로3〉가 기획의 순발력과 협상의 추진력에 관한 것이었다면 이번엔 협상에 지구력이 필요하다는 교훈이다.

같은 해 9월. LG전자에서 옵티머스G라는 스마트폰을 출시했을 때 소비자들은 단말기도 단말기지만 번들로 포함된 쿼드비트QUADBEAT 이어폰에 열광했다. 얼리 어답터를 비롯한 많은 전문가들이 모든 음역대의 소리를 완벽히 들려주는 트리플파이TripleFi급 이어폰이라며 칭찬을 아끼지 않았고, 음향기기 전문 리뷰 사이트인 '골든 이어스www.goldenears.net'에서는 음질 테스트 평가 후 20만 원 상당의 가치가 있다고 발표했다.

알루미늄 소재의 고급 디자인, 부드러운 착화감, 뛰어난 음질과 분리감, 선 꼬임이 없는 일명 칼국수 디자인flat cable 등에 대한 소비자들의 호평이 이어지면서 포털 사이트 인기 검색어 1위에 오르기도 했다. 소비자들이 움직이기 시작한 것이다. 하지만 문제는 그것이 번들 상품이라는 점이었다.

LG서비스센터를 통해서 쿼드비트 이어폰을 구입하려는 소비자가 급증하며 업무가 마비되기에 이르자 LG는 전격적으로 이어폰 판매 중지를 선언했다. 번들 상품이라 A/S용으로 소량만 판매하고 있었는데 물량이 부족해진 것이다. 결국 품귀 현상으로 인해 중고 가격이 정가보다 비싸게 거래되는 기현상이 일어나기도 했다. 주목할 만한 충분한 가치가 있었다.

이어 11번가 컴퓨터팀에서 상품성이 있다는 판단을 내리자 11번가 MD들은 LG전자에 제안서를 보냈다. 번들 상품을 독자적인 상품으로 구성해 따로 팔아 보겠다는 것. 그야말로 발상의 전환이었다. 기획력과 분석력은 좋았다. 다른 이동 전화를 사용하고 있지만 쿼드비트 이어폰을 원하는 소비자들이 차고 넘치던 상황이었기 때문에 시장의 반응이 좋을 것으로 예상했다. 하지만 문제는 LG전자의 입장이었다.

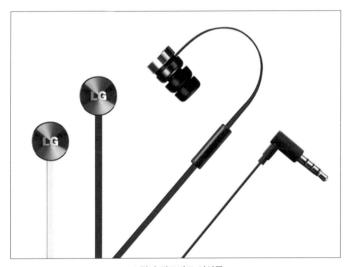

LG전자 쿼드비트 이어폰

2012년 9월 LG전자의 옵티머스G 스마트폰이 출시되었다. 소비자들은 단말기는 물론 번들로 포함된 쿼드비트 이어폰에 열광했다. 쿼드비트 이어폰은 모든 음역대의 소리를 완벽히 들려주는 트리플파이급 이어폰이라는 전문가의 찬사를 받았을 뿐 아니라 골든 이어스로부터 20만 원 상당의 가치를 인정받기도 한 제품이었다. 그러나 번들 상품이기 때문에 단품 판매는 사실상 불가능했다. 끈질긴 설득과 구애를 통해 11번가는 LG전자로부터 쿼드비트 이어폰을 제공받을 수 있었다. 총 7회 행사를 통해 30만 5000개의 이어폰이 판매되었다.

| 협상에는 지구력, 꾸준한 설득과
타당한 설명으로 상대의 마음을 움직이라 |

LG는 해당 이어폰이 번들이기 때문에 낱개로 판매하는 것은 곤란하다는 반응을 보였다. 하지만 11번가 MD들은 포기하지 않고 LG총판 측에 본사를 설득해 달라고 요청했다.

"최고의 번들 이어폰 = 최고의 상품 옵티머스G"라는 등식이 성립되어 품격이 동반 상승하는 결과를 낳을 것이라고 설득했다. 그렇게 11번가와 총판이 번갈아 가며 본사를 설득해 나갔다. 10여 차례가 넘는 협상이 이어졌고 결국 본사의 승낙이 떨어졌다.

3만 3000개의 한정 수량을 개런티 한다는 조건으로 선주문을 넣었고, 1만 8000원에 선착순 판매를 시작했다. 상품의 공식 명칭은 'LG전자 옵티머스G 쿼드비트 이어폰'으로 일명 '지어폰'으로 정해졌다. 배송비는 무료였으며 모바일 11번가 앱으로 구매 시 11% 추가 할인이라는 조건도 내걸었다.

결과는 대성공이었다. 2012년 10월 29일 00시 모바일 전용으로 런칭을 하자마자 1시간 45분 만에 서버가 다운되었다. 3000개 완판. 사흘 후 5000개를 추가로 오픈, 트래픽 폭주 속에서도 5분 50초 만에 완판했다. 역시 모바일과 웹 서버가 다운되었다. 3차 행사에서도 8분 만에 완판 등 계속해서 매진 사례가 이어졌다. 총 7회 행사를 통해 총 30만 5000개의 이어폰을 팔아치우는 기염을 토했다.

LG전자에서도 고객 문의 시 11번가에서만 구입할 수 있다고 안내해 주는 등 브랜드 향상 효과가 있었고, 모바일 단독 런칭을 최초로 시도하고 완판에 성공한 최초의 사례로 기록됨과 동시에 페이핀pay pin 결제 확대라는 반사 이익까지 얻어 냈다. 단일 상품으로 10억 원 이상의 거래액을 달성하면서 효자 상품으로 등극했고, 이러한 성과를 바탕으로 지이폰 단독 진행도 추진할 수 있었다.

만일 LG가 1차 거절을 했을 때 11번가도 포기했다면 30만 명의 소비자가 혜택을 보지 못했을 것이고, 11번가나 LG도 그만큼의 수익이 줄었을 것이다.

이처럼 협상은 순발력을 요구함과 동시에 꾸준한 노력도 필요하다. 꾸준한 설득과 타당한 설명으로 상대의 마음을 바꿔 놓아야 하는 것이다. 다음은 전문가가 말하는 5가지 협상 전략이다. 협상력이란 현대를 살아가는 직장인 모두에 꼭 필요한 능력이므로 자세히 다뤄 본다.

미국 펜실베이니아 대학 와튼 스쿨의 협상학 주임 교수인 리처드 쉘은 "협상이란 자신이 상대로부터 무엇을 얻고자 하거나, 상대가 자신으로부터 무엇을 얻고자 할 때 발생하는 상호 작용적인 의사소통 과정"이라고 정의한 바 있다. 나아가 "협상의 성격을 따져 보고 적합한 전략을 선택해야 협상이 수월해진다"고 강조한 바 있다.

쉘은 그러면서 기업이 가져야 할 협상 전략으로 다음과 같은 5가지를 제시했는데, 기업이 얻게 될 현재의 이익Importance of Outcome과 미래의 이익Importance of Relationship을 각각 X와 Y축으로 잡고 현재와 미래의 가치와 비중에 따라 적합한 전략을 택해 협상하라고 설명했다.

1. 회피 전략Avoiding: Lose-Lose _현재 얻을 이익도, 앞으로 얻을 이익도 모두 낮을 때 사용한다. 의도적으로 아예 협상을 피하는 것이다. 예를 들어 일을 잘 못하는 직원이 연봉 협상을 하자고 했을 때 회사가 취하게 될 태도가 바로 이런 것이다. 하지만 그 직원이 소위 빽이 좋은 로열패밀리라면 회사는 '수용 전략'을 택하게 될 것이다.

2. 수용 전략Accommodating: Lose to win _ 비록 현재 얻을 이익은 적지만 일단 관계를 맺어 두면 미래에 얻을 이익이 높을 때 사용한다. 마음에는 들지 않지만 일단 상대의 의견을 수용하는 것이다. 빽이 든든한 직원이 언젠가는 회사에 이익을 줄 것으로 예상한다면 일단 붙잡아 두는 수용 전략을 택해야 한다. 낙하산이나 전관예우가 이 전략에 기인한다. 혹은 이런 경우도 있을 수 있다. 비전이 밝은 어떤 회사가 스카우트 제안을 해 왔을 경우다. 고맙긴 하지만 문제는 지금 당장의 연봉이 적다는 것. 그러나 인센티브 등 미래에 얻을 이익이 높다고 판단한다면 입사를 결정해야 한다. 만일 회사의 협상안을 수용할 수 없다면 '타협 전략'으로 넘어가면 된다.

3. 타협(혹은 절충) 전략Compromise: Split the difference _ 연봉 같은 현재의 이익과 인센티브 같은 미래의 이익이 모두 그저 그럴 때 사용한다.
이때 필요한 것이 절충안이다. 예를 들면 출퇴근에 대한 자유, 별도의 활동비, 법인 카드, 자녀 교육비, 인센티브의 미니멈 개런티 보장 등을 절충안으로 제시할 수 있을 것이다. 물론 회사가 이 직원을 놓치고 싶지 않을 만큼 가치가 있을 때 성립이 가능한 전략이다. 은퇴할 시기를 지난 숙련공이 연봉을 줄여 가면서 일을 계속하는 연봉피크제도 일종의 절충 전략이다. 협상은 그렇게 윈-윈 전략을 찾아 방향을 선회하게 된다.

4. 윈-윈 전략Win-win: collaborative _ 현재의 이익과 미래의 이익이 모두 높을 때 사용한다. 어떻게 타협하느냐에 따라 2가지 이익이 모두 성취되므로 최상의 상태라고 할 수 있다.

만일 위 3항이 극적으로 타결되었다면 그것도 윈-윈이다. 회사는 인재를 얻고, 인재는 안정적인 일터를 찾았다면 서로의 니즈가 충족된 것이다. 9명의 손님을 데리고 오면 1인분을 공짜로 주겠다는 사업주와 모객꾼의 협상도 윈-윈 전략의 일종이다. 사업주는 당장 재고를 팔아서 좋고, 모객꾼도 돈을 절약했으니 성공적인 협상이 된 것이다. 파장을 앞두고 마감 세일을 하는 생선 가게 아저씨도, 원래 가격보다 생선을 싸게 구매한 소비자도 서로 합의를 봤다면 윈-윈 협상을 진행한 것이다.

5. 경쟁 전략Competitive: Win to Lose _ 현재의 이익은 높지만 미래의 이익이 낮은 경우에 사용한다.

단골집이 아닌 곳에서 물건을 깎을 때, 중고차를 사거나 팔 때 사용하는 전략이다. 어차피 두 번 볼 사이가 아니기 때문에 당장의 이익을 취할 수 있는 협상 전략을 세우는 것이다. 가장 날 선 공방이 이어지는 협상 테이블이 될 것이다.

｜ 협상력은 현대인들 모두에게 꼭 필요한 능력 ｜
협상력은 MD들에게만 필요한 능력이 아니다. 일상을 영위하는 모든 이들에게 필요하고 또 중요하다. 우리는 아침에 눈을 뜨고 잠자리에 들 때까지 많은 사람들과 대화를 하고, 수없이 많은 결정을 해야만 한다. 그럴 때마다 알게 모르게 크고 작은 협상 테이블이 눈앞에 펼쳐진다.

그것이 수억 원이 오고 가는 큰 거래일 수도 있고, "내가 1차를 사면, 2차는 네가 살 거지? 오케이?"처럼 친구 사이의 장난스러운 밀당일 수도 있다. 고수와 하수가 함께 당구를 치면서 서로의 실력 차를 인정하는 행위도 일종의 협상이다. 일을 잘하면 그때 가서 월급을 올려 주겠다는 것도, 월급을 더 주면 그때부터 일을 열심히 하겠다는 것도 매한가지로 협상을 유리하게 이끌어 가려는 전략이자 전술이다. 정치인의 정치 행위에도, 영업 사원의 영업 활동에도, 조직의 리더와 부하 직원과의 관계에서도, 회사와의 연봉 협상에서도 협상력은 언제나 필요하다.

협상 테이블에 앉은 사람은 대부분 비슷하다. 손해를 보지 않으려 고집을 부리는 것이 인지상정이다. 그럴 때 우리는 상대의 마음을 돌려 세우기 위해 협상의 한 과정인 설득을 시도한다. 이것이 당사자의 결심이다. 그러나 상대는 팔짱을 끼고 옆으로 비스듬히 앉아 절대 마음을 바꾸지 않겠다는 태도로 일관한다. 그것이 또한 상대의 결심이다. 서로의 결심이 정반대의 지점에 존재하니 쉽게 접점에 다다르지 못한다. 이제부터가 협상이다. 어려운 문제다. 그래서 전략과 전술이 중요한 것이다.

협상의 전략 중에는 당근 외에도 채찍으로 윽박지르는 방법도 있고, 거짓말을 하는 방법도 있고, 뇌물을 줄 수도 있고, 진실한 마음을 통해 공감과 신뢰를 얻어 내는 방법도 있을 것이다. 어떤 것이 더 효과적이고 지속 성장 가능한 협상법인지는 설명하지 않아도 잘 알 것이다. 이게 바로 제대로 된 협상의 전략과 전술을 알아야 하는 이유다.

BATNA를 가지고
협상에 임하라

모든 협상은 3가지 결과를 만들어 낸다.
첫째는 서로 승리하는 것, 둘째는 한쪽이 손해를 보고 다른 쪽이 이익을 보는 것이고,
마지막은 협상이 결렬되는 것이다.

가장 나쁜 결과는 어느 한쪽의 일방적인 이익이다

흔히 "I'm a winner!"가 되어야 성공한 협상이라고 하는데 그렇지 않다.
지금 당장은 이익을 본 것 같지만 시장 전체를 괴사시키는 결과를 초래해
결국 나도 피해자가 되는 경우도 적지 않다.
무조건 유리하게만 협상을 이끌어 가는 사람들은 미래의 이익보다는 당장의 이익만을
중요시하기 때문에 주로 수용 전략보다는 회피 전략을, 윈—윈 전략보다는 경쟁 전략을 택하려 든다.
타협 전략은 곧 실패라고 믿기 때문에 인정하려 들지 않는 경향도 있다.
 50:50의 절충안을 인정하려 들지 않으며, 아무리 양보해도 10:90까지는 끌어올려야 한다고 말한다.
또한 원하는 결과를 얻어 내거나 오로지 상대방을 설득하기 위해서 내 말만 되풀이하는 경향도 있다.
결국 협상은 지지부진, 제자리를 맴돌고 끝이 나지 않는다. 사실 진짜 제대로 된 협상가는
내 이야기를 하기보다는 상대방의 말을 듣는 사람이다. 속마음을 말하게끔 이끌어 내는 사람이다.
선수는 질문을 던져 가면서 좋은 인간관계를 만들어 내고 거기서 창조적인 대안도 찾아낸다.
마치 능숙한 연애 박사들처럼 말이다.
"이런 조건이라면 불가능합니다."
"아, 그렇습니까? 그런데 이 조건으로 거래를 하면 어떤 어려움이 생기는지요?
그 해결책을 찾아 도움을 드리고 싶습니다."
"물론 저희도 거래를 하고 싶죠. 물건을 팔아야 회사가 돌아가니까.
하지만 그 가격에 물건을 팔면 우린 손해입니다."

좋은 협상은 상대방의 요구에 얽매이지 않고 숨겨진 욕구를 파악해서 해소시켜 줘야 한다.
단가를 올려 달라는 것은 '요구'이고, 물건을 팔긴 팔아야 한다는 것이 숨겨진 '욕구'다.
이를 파악한 선수의 멘트는 계속된다.
"말씀은 잘 알았습니다. 하지만 제가 가지고 온 안을 여기서 철회할 수는 없습니다.
상부에도 보고를 해야 하기 때문입니다. 협상안을 변경하는 대신
그 어려움을 해결할 수 있는 대안을 찾아서 곧 다시 방문하겠습니다."
이 정도만 돼도 이미 절반 이상의 성공을 거둔 협상이다. 창조적 대안을 만들어 내는 이런 협상가라면
곧 윈-윈 전략을 찾아내서 협상을 마무리할 것이다. 여기서 말하는 윈-윈이란 서로 조금씩 양보하는
'흥정'을 의미하는 것이 아니라 서로 조금씩 이익을 보는 '협상'을 말한다.
상대방에게 일방적인 양보를 요구하는 것이 아니라 먼저 문제가 무엇인지 듣고
'그 가격에 물건을 팔아도 손해가 아닐 수 있는 대안을 찾아서 제안'하는 협상을 말하는 것이다.
그것은 후불을 선불로 바꾸는 결제 방식일 수도 있고, 최소 물량을 보장하는 것일 수도 있고,
다음 협상 때는 조건을 서로 바꾸는 등 여러 가지 대안이 있을 수 있다. 협상에서 가장 중요한 것이
이러한 대안이다. 대안이 있는 사람은 협상에서 유리한 고지를 차지한 사람이다.
이 대안을 전문 용어로 배트나(BATNA : Best Alternative To Negotiated Agreement)라고 하는데
우리말로 풀이하면 협상이 결렬되었을 때 내가 갖고 있는 '차선책'이란 뜻이다.
만일 내가 확실한 배트나를 가지고 있다면 상대방에게 오픈해야 한다. 그래야 협상을 주도할 수 있다.
예를 들어 "오늘 아침에 두 사람이나 보고 갔다"는 부동산 중개인의 하얀 거짓말이 그렇다.
혹은 "귀사의 경쟁사에서 화끈한 제안서를 보내 왔더군요. 제 조건이 수용되지 않으면
그 회사와 한정판 CD 독점 공급에 관한 계약을 체결해야 할 것 같다"는 식의 무언의 협박일 수도 있다.
확실한 배트나가 있는 사람은 급할 게 없다. 시간을 끌면 끌수록 오히려 협상이 더 쉬워진다.
배트나가 없는 상대방이 알아서 굽히고 들어오기 때문이다.

꼭 필요한
협상의 10계명

1. 상대방의 요구에 얽매이지 말고 숨겨진 욕구를 찾으라. 그리고 자극하라.
2. 양쪽 모두를 만족시키는 창조적 대안을 개발하라. 요구가 아닌 욕구를 만족시키는 대안이다.
3. 협상을 윈-윈으로 만들라. 일방적으로 승리하려 들지 마라. 그러면 다음을 기약하기 힘들다.
4. 숫자를 논하기 전에 합리적이고 객관적인 기준부터 정하라. 그것이 협상의 지렛대다.
5. 배트나를 최대한 활용하라.
6. 좋은 인간관계를 유지하고 이를 협상의 토대로 삼으라.
7. 질문하고 또 질문하라. 그래야 상대의 속내와 숨은 전략을 알 수 있다.
   요청하고 또 요청하라. 그래야 원하는 것을 얻어 낼 수 있다.
8. 협상 준비서(NPT : Negotiation Preparation Table)를 활용해 사전 준비를 철저히 하라.
   NPT에는 나와 상대방의 의제, 요구와 욕구, 협상의 기준, 배트나, 대안 등을 적어 두고 미리 분석하라.
9. 성공은 내가 얻어 내는 것이 아니다. 상대가 나를 성공시켜 주는 것이다.
   내가 원하는 성공의 방향으로 상대가 자발적으로 움직이게 만드는 것이야말로 협상의 기술이다.
10. 협상의 주인공은 바로 나 자신이다. 주연 배우가 되어 협상을 리드하라.
    주연은 주로 질문을 하고 조연은 대답을 한다. 주연은 언제나 의젓하고 조연은 분주하기만 하다.
    내가 회사의 주인공으로서 테이블에 앉아 있다는 점을 잊지 말자.

MD란 무엇인가

For 취업준비생 _ 부단한 노력과 원만한 인간관계

3
_

MARKET PLACE

**적극적으로 경력을 쌓은 후
선택하라**

첫 번째 기회는 무조건적인 노력으로,
두 번째 기회는 적극적인 쟁취로,
세 번째 기회는 철저한 준비로 잡으라.

까르푸라는
교차로에 서다

개인적인 이야기를 좀 해 볼까 한다. 이야기는 1997년으로 거슬러 올라간다. 그렇다. 1997년은 IMF 외환 위기의 시기다. 그 위기와 함께 내 인생이 시작되었다. 아니, 위기로부터 시작되었다는 표현이 더 어울리겠다.

그 당시 필자는 오하이오 주립대 조경건축학과를 졸업하고 잠시 한국에 들어와 있었다. 군 복무를 끝내고 다시 공부하러 나갈 계획이었는데, 어느 날 갑자기 TV에서 IMF 시대의 개막을 알리는 뉴스가 나오기 시작했다.

처음에는 무슨 상황인지 파악도 안 되고 어리둥절하기만 했다. 금융 위기는 남 일이라고 생각했지만 피부에 와 닿기까지는 그리 오래 걸리지 않았다. 당장 800-900원 하던 환율이 1800원까지 급등하면서 학비를 감당할 엄두가 나지 않았다. 다시 공부를 하기 위해 미국이나 일본을 가겠다고, 향토 학자금을 달라고 할 수도 없는 상황이었다. 어쩔 수 없이 전공을 살려 취직을 해야만 하는 상황에 직면하게 되었다. 하지만 건축업이 IMF의 직격탄을 맞으면서 있는 사람도 내보내는 판이었다. 모든 것이 쉽지 않아 보였다.

| 당신은 여기 올 스펙이 아닙니다 |

"이왕 여기까지 왔으니 면접이나 보고 가죠. 인생, 혹시 모르는 일 아닙니까?"

구직 활동을 시작했고 헤드헌터 회사로부터 한 통의 전화를 받았다. 한국 까르푸Carrefour에서 사람을 뽑으니 가서 면접을 보라는 것.

까르푸는 세계 2위의 유통업체로서 한국에는 1996년에 지사를 설립하고 한창 영업을 하던 중이었다. 워낙 사람 만나는 것을 좋아하고, 쇼핑에 관심도 많았던 터라 좋은 기회라고 생각했다. 게다가 세계적으로 손꼽히는 유통회사가 아닌가. 미국에서 유학 생활까지 했으니 까르푸 같은 외국계 회사에서 일하는 것도 그럴 듯하다고 생각했다.

어색한 양복을 입고, 취직을 할 수도 있다는 설렘을 안고, 불어라도 좀 배워 둘 걸 하는 후회를 옆에 끼고 면접에 임했다. 그런데 대뜸 면접관이 "어라? 장진혁 씨 잘못 온 것 같은데요? 헤드헌터 회사에서 실수가 있었나 봐요. 우리 회사에 입사할 스펙이 아닌데 어떻게 왔지?"라고 하는 것이 아닌가.

스펙이 부족하다는 말에 순간적으로 부끄러웠지만 곧 특유의 똘끼가 발동했다.

'어쭈? 사람을 불러다 놓고 놀려? 까르푸가 그렇게 잘난 회사야? 좋아. 어디 한번 보자.'

나는 능글맞게 되물었다.

"아, 그렇습니까? 어쩔 수 없죠. 그런데 이왕 여기까지 왔으니 면접이나 보시죠. 인생, 모르는 거 아닙니까?"

이왕 떨어진 거 이제부터는 거칠 것이 없었다. 오히려 편하게 면접을 볼 수 있으니 좋은 경험이라고 여겼다.

"그럽시다. 그럼."

면접관도 어차피 시간이 비었으니 흔쾌히 그러자고 했다. 나는 외국계 회사를 바라보는 시각, 유학 시절의 에피소드, 유통업에 대한 생각, 개인적인 꿈에 대해 이야기했다. 그리고 모르는 것도 많았으니 답변보다 질문을 더 많이 던졌다. 내가 면접관이 되었다는 생각이 들 정도였다.

그런데 2차 면접을 보러 오라는 연락을 받으면서 사실은 그게 진짜 면접이었다는 것을 알게 되었다. 순간적인 대처 능력을 보기 위해 면접관이 일부러 거짓말을 했던 것이다. 나는 보기 좋게 몰래 카메라에 걸려들었고, 상상도 하지 못한 채 맘 편히 속내를 보인 것이 결과적으로는 플러스 요인이 되었다.

다시 만난 면접관은 나의 자유롭고 자연스러운 태도가 마음에 들었다고 했다. 성격도 좋은 것 같고, 일도 잘 할 것 같아 다시 불렀다며 3차 면접을 준비하라고 했다. 자신에게 한 것처럼 프리 스타일로 임하라는 충고까지 해주었다. 말이 좋아 프리 스타일이지 사실은 싸가지가 없어 보였다는, 그래서 좋았다는 말은 훗날에 들었다.

3차 면접관은 본사에서 나온 프랑스 임원이었다. 그는 무척 깐깐했다. 소파에 몸을 파묻은 채 다리를 꼬고 손에는 시가를 들고 있었다. 프랑스에서는 건방진 자세가 아니었을 테지만 나는 기분이 좀 상했다. 특히 이런 말을 듣고서.

"사실은 경력자를 뽑는 겁니다. 1차 면접관이 적극 추천해서 만나기는 했는데 지금은 경험 많은 사람이 필요해요. 초보자는 좀 곤란합니다."

또다시 똘끼가 발동하면서 몸이 부르르 떨렸다. 프랑스 임원이 그런 말을 던지자 나 역시 그와 똑같은 자세를 취했다. 소파 위에 팔을 걸치고, 다리는 꼰 채로 질문에 대답했다. 면접 모드가 아니라 건방 모드였다. 경력과 경험에 대해 물으니 딱히 할 말도 없었고, 프랑스식 영어를 도저히 알아들을 수가 없어 "익스큐즈 미"만 남발하는 면접이었다.

결론적으로 3차 인터뷰까지 통과하면서 채용되었는데, 알고 보니 1차 면접관의 적극적인 추천이 큰 힘이 되었다.

"저 친구는 제가 보장합니다. 1년 안에 최고의 MD를 만들어 놓을 테니 채용해 주세요."라며 적극적으로 프랑스 임원을 설득했던 면접관은 결국 나의 직속상관이 되었고, 나는 그 선배로부터 많은 것을 배웠다.

한국까르푸는 매우 자유롭고, 매우 까다롭고, 매우 철저한 회사였다. 여러 가지 면에서 느끼고 배울 게 많은 회사였다.

점심시간은 2시간. 야근은 절대 금시. 자기 할 일만 다 해 놓으면 장기 휴가도 오케이. 일할 때도 열심히, 놀 때도 열심히. 셀러와는 외부에서 밥도 따로 먹지 말 것. 거래처와의 미팅은 회사 미팅 룸에서만 하고 샘플도 받지 말 것. 게다가 사무실보다 외부에서 사람을 만나면서 일하라는 뜻으로 MD 2명당 PC 1대 제공 등등 나름대로 철저한 원칙이 정해져 있었다.

또한 모든 것은 철저한 분석을 통해 서면으로 이루어졌다. 리서치 회사를 별도로 두고 시장을 분석했다. 모든 정보를 끌어 모아 최선의 전략을 짰다. 예를 들어 MD가 A라는 거래처와 협상을 한다면, 그 회사가 시장에서 어떤 위상인지, 다른 매장에서는 왜 잘 팔리고 있는지, 까르푸에서는 왜 덜 팔리는지 꼼꼼하게 파악했다. 그러므로 투자를 더 해야 한다는 까르푸의 설득을 A회사에서 거부할 수 없게 만들었다. 그런 원칙주의 때문에 셀러들이 많이 힘들어 했던 것이 사실이다. 수수료, 광고비, 등록비, 행사비 등 불공정에 가까운 계약들도 없진 않았다.

그곳에서 많은 것을 배웠다. 선배가 자신한 것처럼 최고의 MD가 되었는지는 잘 모르겠지만 적어도 어떤 MD로 살아야겠다는 것만큼은 확실하게 배워서 나왔다. 원칙과 관용, 철저한 프로 의식, 셀러와의 상생 등 많은 것을 배울 수 있었다. 고맙게도 월급까지 받으면서.

까르푸와 월마트의
실패로부터 배우다

까르푸는 프랑스어로 교차로라는 뜻이다. 사방팔방에서 모여드는 곳이 바로 교차로다. 회사 이름을 이렇게 지은 이유는 아마도 사람이 많이 다니는 거리 같은 쇼핑몰이 되고자 함이었을 것이다. 하지만 그런 기대와 달리 한국까르푸는 2006년 4월, 이랜드그룹에 매각되면서 홈에버로 이름이 바뀌고, 한국에서는 사라진 거리가 되고 말았다. 그로부터 2년 뒤에는 삼성테스코 홈플러스가 홈에버를 인수하면서 완전히 역사의 뒤안길로 사라졌다. 세계 2위 할인점인 회사가 왜 이렇게 되었을까?

한편 까르푸는 이랜드, 롯데, 신세계(이마트), 홈플러스까지 총 4곳이나 우선 협상 대상자로 선정하면서 물의를 빚기도 했다. 나아가 4개 업체 중 가장 높은 인수 가격을 제시한 롯데가 가장 유력한 인수자였으나 까르푸가 이를 '배트나'로 활용하면서 이랜드와의 협상을 리드해 나갔다. 그 결과 자산 가치 1조 2000억 원이며 노른자위 매장마저 경매 위기에 내몰릴 정도로 수익성이 악화되었던 까르푸는 이랜드로부터 1조 7500억 원을 받아 냈다.

그로부터 한 달 후, 이번에는 세계 최대 할인점인 월마트가 한국을 떠났다. 신세계 이마트가 새 주인이 되었으며 인수 가격은 까르푸의 절반 수준인 8250억 원. 까르푸 인수를 검토하던 이마트가 월마트로 눈길을 돌리자마자 한두 달 사이에 전격적으로 성사된 거래였다.

월마트는 지난 1998년 네덜란드 합작 법인 한국마크로를 인수하면서 한국 시장에 뛰어들었다. 중국에 이어 두 번째 아시아 진출이었다. 1999년 강남점을 시작으로 전국 16개까지 매장을 넓혀나갔지만 규모는 업계 5위에 그쳤고 2005년에는 영업을 하고도 100억 원이나 손해를 보기도 했다. 결국 까르푸 철수 한 달 뒤 같은 처지로 굴욕적 퇴장을 하고 만 것이다.

2006년 4월과 5월 한 달 새, 세계 1, 2위 업체를 국내 토종 기업들이 인수한 것은 유통업계 역사상 손꼽히는 이변이었다. 외국계 기업이 돈을 챙겨서 제대로 먹튀를 한 것이건 아니건 간에 기업이 시장에서 견디지 못하고 철수한다는 것은 충분히 돈을 벌지 못했다는, 앞으로도 그럴 것이라는 전제하에 이루어진다. 하지만 외국계 기업들은 오프라인 시장에서만큼은 국내 토종 기업을 이길 수 없다고 판단한 것이다. 월마트가 진출하는 지역마다 경쟁 유통 채널이 다 망한다고 해서 '월마트 효과'라는 신조어까지 만들어낸 회사가 한국에서 기 한번 펴 보지 못하고 짐을 싼 것은 그야말로 쇼킹한 사건이었다.

까르푸와 월마트의 실패 원인 중 하나는 유럽이나 미국식 창고형 매장과 공산품 위주의 상품 구성 등을 고집하면서 현지화에 실패했기 때문이다. 할인점의 기본 공식에만 집착했지 국내 고객의 취향을 고려한 한국형 할인점을 고려하지 않은 탓이었다.

한국형 할인점이란 한국 아줌마들의 평균 눈높이인 160cm 전후의 진열대에서 물건을 고르는 것이었다. 그런 분위기에 익숙한 한국 소비자들에게 창고형 매장은 삭막해 보였다. 키보다 더 높게 천장까지 쌓아 놓은 박스는 불친절해 보였다. 할인 매장이란 이런 것이니까 적응하라고 강요하는 듯한 분위기를 불친절하다고 느꼈다. 장을 보러 간다고 표현하는 민족에게는 맞지 않았다.

"Everyday Low Price"라는 월마트의 기업 이념처럼 "매일 중국에서 만들어 온 싼 물건을 쌓아둘 테니 대신 박스로 사가라."는 강요를 한국 소비자들은 견디지 못했다. 사실 박스째 대용량으로 구매하는 것은 할인점이 집에서 멀리 떨어진, 그래서 가끔씩 쇼핑을 하는 미국의 이야기였지 한국의 소비자가 원하는 것은 아니었다. 배려가 필요했지만 그런 건 없었다.

저렴해 보여서 박스째 사기는 했지만 유효 기간 안에 다 소화할 수 없는 양이었고, 이웃과 공동 구매까지 해 봤지만 그래도 양이 많았다. 이는 곧 불만이 되었다. 여자들끼리 모여서 과소비나 한다는 소리를 듣고 싶은 아내는 없었다.

특히 한국 주부들에게 중요한 신선 식품은 그다지 신선하지도 다양하지도 않았다. 한국 아줌마들에게 미국에서 건너온 캔 제품은 낯설었다. 그보다는 물기 머금은 상추를 사고 싶었고, 흙 묻은 당근을 사고 싶었던 것이다.

그래서 고객과의 스킨십이 중요한 것이다. 온라인은 가면을 쓰고 영업을 할 수 있지만 고객과 판매자가 살을 맞대는 오프라인 쇼핑몰은 말로 설명하기 힘든 어떤 분위기라는 것이 있다. 재래시장도 그렇고 백화점도 그렇다. 그러한 현지화나 소비자 중심의 감성 마케팅을 제대로 해내지 못한 것이 패인이었다고 본다. 그래서 리더가 중요하다.

리더는 담당자다. 담당자는 현장을 알아야 한다. 소비자들의 표정과 숨소리에서 불만과 칭찬을 골라서 들을 줄 알아야 한다. 한국에는 남자와 여자 외에 아줌마 부대가 있다는 것도 알아야 한다. '장을 보다'와 '쇼핑을 하다'의 차이가 무엇인지 알아야 한다. 외국계 기업들은 그녀들이 쇼핑의 최전선에 있다는 것을 잘 몰랐던 것은 아닌가 싶다. 까르푸는 사장과 임원, 심지어 점장까지 대부분 프랑스인들이었다. 월마트는 사장과 부사장이 외국인이었고 결정권자였다.

그리고 입지의 문제도 있었다. 월마트는 시장 진입 초기에 유리한 입지 선점에서 실패하고 상주인구가 적은 도심 외곽으로 빠져나갔던 것이 문제였다. 영업 초기에는 그래도 괜찮았다. 해외 여행길 혹은 이민 생활을 하면서 보던 상품이 국내에 있으니 신기하고 반가워서 찾아갔지만 10년 정도의 장기전을 치르기에는 약발이 부족했다. 굳이 멀리 있는 매장까지 찾아가서 살 만큼 상품이 매력적이지 않았던 것이다. 서울에 있는 월마트는 강남점 단 한 곳. 심지어 2003년과 2004년에 걸쳐 포항점 단 한 곳만 문을 열 정도로 투자에 몸을 사렸다.

까르푸의 입지도 좋은 편은 아니었다. 1-6호점을 보면 중동, 일산, 대전, 인천, 대구, 울산 순이었다. 사람이 많이 다니지 않는 교차로에 문을 열었으니 랜드마크가 형성될 만한 곳이 없었다. 멀리 있으니 소비자들이 가지 않았고, 가지 않으니 문을 닫을 수밖에 없었다. "장사는 무조건 목이 좋아야 해."라는 어르신들의 말씀. 백 번 옳다.

월마트와 까르푸의 패인을 알아 두는 것은 창업을 준비하는 셀러들에게도 필요할 것 같다. 그 패인은 다음과 같은 3가지로 요약된다.

낮설고 신기한 물건은 그야말로 반짝 호기심을 불러일으킬 수는 있어도 장기적이지는 않다. 반짝 세일은 정말 잠깐이다. 반복적으로 구매해야 할 아이템으로 승부를 보는 것이 좋다. 할인점을 예로 든다면 신선 식품이 바로 그것이다.

또한 박스형 대용량 포장처럼 불친절해서도 안 된다. 소비자는 대접받고 싶어 한다. "싸니까 알아서 많이 사 가!"는 옳은 세일즈가 아니다. 소비자가 원하는 것을 찾아서 제공해야 한다. 포장 하나까지 세심하게 배려해야 한다.

끝으로 좋은 입지는 정확하고 빠른 배송하고도 비슷하다. 고객에게 있어 멀리 있는 것이란 늦게 오는 것과 같다. 고객으로 하여금 멀리까지 찾아오게 할 만큼 자신 있지 않다면 먼저 다가가는 것이 옳다.

| 인생은 교차로에 멈춰 선 자동차 |
어떤 신호를 따라야 합리적인 선택일까?

다시 교차로 이야기다. 교차로에는 신호등이란 것이 있게 마련이다. 신호등의 역할이 무엇일까? 잠시 멈춰 서서 사방을 살피라는 뜻이다. 그래서 교차로에 서면 세상이 보인다. 그런데 멈춰 섰더니 나를 앞서 달려가는 경쟁자들이 보였다. 그들은 천재였다. 마음이 조급해졌다. 따라가고 싶었다. 지름길이 있다면 추월이라도 하고 싶었다.

이현세 화백은 그런 천재들을 먼저 가게 내버려 두고 하루하루 노력하다 보면 언젠가 인간이 넘을 수 없는 신의 벽에 부딪혀 앞으로 나아가지 못하는 천재를 지나치는 자신을 발견하게 될 거라고, 그러니 노력하라고 했다.

그렇다. 경쟁은 내부와 하는 것이다. 나 자신과 하는 것이다. 조병화 시인의 시처럼 "결국, 나의 천적은 나였던 거다." 경쟁 상대를 고르는 선택, 그것이 중요하다.

차를 몰고 가다가 교차로를 만나면 우리는 무조건 어떤 선택을 해야만 한다. 직진? 좌회전? 혹은 유턴? 그런데 어디가 안 막히지? 어떤 선택이 합리적일까 고민한다. 교통 방송이나 내비게이션의 안내라고 해서 결코 정답은 아니다. 그 안내를 듣고 모든 사람이 몰리면 그게 곧 막히는 길이기 때문이다.

프로스트의 시처럼 "가보지 않은 길"은 알 수가 없다. 정체, 원활, 사고 등 어떤 상황이 벌어질지 알 수가 없기 때문에 교차로는 인생을 꼭 닮았다. 우리는 어떤 선택을 해야만 하고, 그 과실은 전적으로 본인의 몫이다. 그런데 안타깝게도 인생은 쉽게 반품이 되지 않는다. 그래서 신중하게 선택해야만 한다.

LG전자의 전신인 금성사 시절에 히트했던 광고 카피 중 하나가 "순간의 선택이 10년을 좌우한다."는 것이었다. 백 번 옳은 말이다. 우리는 스물, 서른, 마흔 즈음에 어떤 결정적 선택을 내려야만 하는 복잡한 교차로에 서게 된다. 그리고 그 선택은 다가올 10년을 좌지우지하게 된다.

월마트의
'성공적인 CEO 승계 5대 비결'

비록 한국에서는 철수했지만 월마트는 명실공히 세계 1위다.

그 비결은 창업자인 샘 월턴을 시작으로 데이비드 글래스, 리 스콧으로 이어지는

CEO 승계를 완벽하게 해냈기에 가능한 일이라는 게 전문가들의 평가이다.

창업자인 샘 월턴은 1962년 아칸소 주에 작은 잡화점을 운영했는데, 이것이 월마트의 시작이다.

샘은 천천히 매장을 늘리면서 1969년 기업을 설립했고, 1972년 뉴욕 증권거래소에 상장되었다.

리 스콧 사장은 지난 2001년 〈월스트리트저널〉과의 인터뷰에서

"월마트의 성공적인 CEO 승계 5대 비결"을 소개했다.

첫째, CEO 후보들을 선발한 뒤 다양한 분야를 경험시켜라. 그것이 경영자 훈련이다.

둘째, CEO 후보들을 이사회와 최대한 많이 접촉시키라. 이사회가 원하는 리더십,

기업의 방향이 무엇인지 깨닫고 이에 대해 준비할 수 있도록 하라는 뜻이다.

셋째, 전임 CEO와 오랜 승계 기간을 갖고 충분한 대화를 나누게 하라.

서로의 장단점, 예상되는 문제점들을 짚어 승계에 따른 충격을 최소화하기 위함이다.

넷째, 부하 직원들로부터 보고를 받을 때는 CEO의 책상이 아닌 편한 장소를 택하라.

그래야 부하 직원들이 긴장을 풀고 편하게 새 CEO를 맞이할 수 있다.

다섯째, 겸손하라. 명령만 내리면 모든 일이 이뤄질 것이라고 생각하면 큰 오산이다.

직원들을 통하지 않고는 아무 일도 이룰 수 없다.

살다 보면 만나게 되는 _3번의 기회

"살다 보면 3번의 기회가 온다. 그때 꼭 잡아야 해. 워낙 빠르니까 재빠르게 잡을 수 있도록 훈련을 해 둬야 한단다."

어렸을 때 어르신들이 종종 들려주시던 충고였다. 하지만 그 기회가 언제 어떻게 오는지에 대해서는 말해 주시지 않았다.

"미리 신호를 주고 오면 그건 기회가 아니지. 지나간 다음에야 알게 되는 것이야. 워낙 빠르다니까.", "누구에게나 오긴 오는데 그걸 진짜 기회로 만드는 건 본인의 몫이지. 노력 여하에 달렸단다."

이런 식의 충고 아닌 충고를 해 주시곤 했다. 애매한 말씀이었다. 하지만 곰곰이 생각해 보면 그게 맞는 말이었다. 결국 기회란 선택의 문제였다. 기회란 것이 왔을 때 버리지 않고 잡는 것도, 잡았다가 버리는 것도 결국은 본인의 선택이었다.

인생이라는 교차로에서 만나게 되는 3번의 기회. 그리고 선택. 그 선택이 정말 10년을 좌우한다는 사실을 마흔이 넘어 보니 조금은 알겠기에 몇 자적어 본다. 우선, 대학을 졸업하지 않은 분들께는 미안하지만 아무래도 그 이야기를 해야 할 것 같다.

첫 번째 기회는 보통 스무 살 무렵에 찾아온다. 고등학교 졸업과 함께 부모의 품으로부터 벗어나는 때다. 대개는 대학생인데 이때 얼마나 치열하게 사느냐에 따라 기회의 크기가 달라진다. 한마디로 말해서, 마케팅 전략을 세우기에 앞서 '시장 조사'를 하는 시기라고 볼 수 있는데, 이 기초를 잘 다져 놓아야 비교적 용이하게 두 번째 기회를 잡을 수 있다. 이 시기의 키워드는 '부단한 노력'과 '다양한 경험 쌓기'다.

이제 막 제도권 교육에서 벗어났을 스무 살. 이때부터 자기 주도적으로 인생을 살아야 한다. 입시 공부를 열심히 해서 소위 말하는 명문대의 취직 잘 되는 학과를 갔든 아니든 그건 중요치 않다. 어떤 곳에 서 있건 그 자리에서 열심히 살아야 기회가 온다는 뜻이다.

이름도 알 수 없는 대학교에 입학했더라도 열심히 사는 청년에게는 거짓말처럼 무지갯빛 스펙트럼이 펼쳐지기도 하고, 서울대를 수석으로 입학했더라도 '놀고먹는 대학생'에게는 먹구름이 드리우기도 한다. SKY대나 외국 명문대에서 박사 학위를 받았다고 해서 잘 살고, 지방에 있는 전문대나 고등학교 졸업이라고 해서 꼭 불행하게 사는 것은 절대 아니다. 인생은 그렇게 불공평하지 않다. 대한민국에서 치과나 비뇨기과 의사가 손님이 없어서 폐업을 하고 신용 불량자가 되는 날이 오리라곤 아무도 상상하지 못했을 것이다. 변호사가 생활비 걱정할 날이 오지 말란 법도 없다. 그게 인생이다. 인생은 아무도 모른다.

지금도 별반 달라 보이지는 않지만 우리 때만 해도 뜻한 바가 있어서 특정 대학에 지원하고, 원대한 꿈이 있어서 특정 학과를 고집하는 고3 수험생은 많지 않았다. 불행하게도 그냥 성적순으로 지원하는 경우가 많았다. 행복은 성적순이라고 말하는 시대였다.

중국이 강대국이 될 것 같으니까 중국어학과를 지원하는 것도, 이 나라에 IT 벤처 열풍이 불 것을 예상하고 컴퓨터 관련 학과에 지원하는 것도, 유난히 철학적이어서 철학과를 지원하는 것도 아니었다. 영문도 모른 채 영문과를 지원하고, 이유를 불문하고 불문과를 지원하는 그런 시대였다. 하지만 좋은 쪽으로 생각하면 불행이란 행복으로 가는 과정이다. 위기는 기회와 함께 다니고, 어수선함이란 정리를 전제로 하는 것이다. 다시 강조하지만 노력하는 사람에 한해서 그렇다는 것이다.

시험 성적이 좋지 않아 어쩔 수 없이 제3세계 언어를 전공하게 되었는데 졸업할 무렵 그 후진국이 갑자기 자원 강국이 되어 젖과 꿀이 흐르는 땅으로 탈바꿈하기도 한다. 그래서 대기업들이 졸업생을 서로 모셔 가는 상황이 발생하기도 한다. 물론 평소에 열심히 공부해서 성적이 좋은 사람에 한해서다. 얼굴이 잘생겼다는 이유 하나만으로 영화 동아리에 끌려 들어갔다가 훗날 영화감독이 되기도 한다. 아마도 전공보다 영화를 더 열심히 공부했기에 가능했을 것이다. 학생 운동을 하다가 수감된 대학생이 멍하니 시간만 때우지 않고 열심히 공부해 사법 고시를 패스하고 훗날 국회의원이 되는 경우도 많이 봐 왔다.

이들의 공통점은 자기 주도적으로 '뭐라도 매 순간 열심히 했다'는 데에 있다. 교육 제도의 희생양이 되어 분별없이 대학에 갔더라도 매 순간 노력하는 사람은 스치고 지나가는 '기회'의 뒷덜미를 잡아챌 수 있는 '기회'가 생긴다. 그런 친구들은 교수나 선배가 눈여겨보다가 이끌어 주기도 한다.

대학교란 그런 곳이다. 사회적 인간으로서 본격적인 사회적 관계가 시작되는 곳이다. 전국에서 모인 십인십색의 선후배들을 만나면서 인간관계의 폭을 넓히는 것인데 이것이 20대의 두 번째 키워드, 즉 '다양한 경험'이다.

대학생 때야말로 다양한 직간접 경험을 쌓으면서 인생의 기회를 잡을 수 있는 최적의 시기다. 스무 살 무렵에는 내가 앞으로 어떤 삶을 살게 될지 정확히 알지 못한다. 감이 없다. 그래서 '다양한 경험 열심히 쌓기'가 필요한 것이다. 다양한 경험은 소중한 삶의 재산이다. 오픈마켓에서도 잘 팔지 않는다.

경험을 쌓다가 숨겨진 재능을 발견하기도 한다. 식당에서 아르바이트를 하다가 요리에 대한 재능을 발견할 수도 있고, 무전여행을 하면서 블로그에 글과 사진을 남기다가 작가적 재능을 발견할 수도 있으며, 클럽에서 춤을 추다가 댄서의 순정을 발견할 수도 있는 시기인 것이다. 물론 '열심히' 하다 보면.

필자는 미국에 있는 오하이오 주립대를 다녔지만 열심히 살지 못했던 탓인지 기회를 잡지는 못했다. 나도 모르게 지나친 것 같다. 하지만 경험만큼은 남부럽지 않게 많이 했다. 그 덕분에 MD라는 직업을 무난히 소화해 낼 수 있었고, 나름대로 각광을 받을 수 있었던 것이 아닌가 싶다. 그런 경험이 두 번째 기회를 잡아채는 데 큰 도움이 되었다.

다시 한 번 정리하면 20대 초반에는 열심히 좌충우돌하며 다양한 경험을 하고 생각의 폭을 넓혀야 한다. 그것이 바로 첫 번째 기회를 만들어나가는 과정이다. 노력하는 자에게는 크고 좋은 기회, 원대한 꿈을 꿀 기회가 찾아오는 것이고, 그렇지 않은 자는 발 앞에 굴러온 기회조차 잡지 못한다.

20대. 아직은 먹여 살릴 처자식도 없고, 집에서 애를 봐야 하는 상황도 아 닐 것 아닌가. 과감히 도전하자. 낯선 거리에서 교차로를 만났다면 과감히 직진하자. 두렵다고 우회전만 거듭하다 보면 어느새 제자리에서 맴돌고 있 는 자신을 발견하게 될 것이다.

스무 살이 넘었으면 이제 성인이다. 옛날로 따지면 머리를 틀어 올리고 갓을 쓰는 약관弱冠의 나이다. 어린이가 어른이 되는 때인 것이다. 아무도 대 신 살아 주지 않는다. 선택은 오롯이 나의 몫이다.

두 번째 기회는 20대 중후반 무렵에 찾아온다. '첫 직장이 어떤 곳인가도 중요하지만 그곳에서 얼마나 잘 사느냐'에 따라 기회의 색깔이 달라진다. 군대 혹은 유학 등으로 인해 취직하는 나이는 제 각각이겠지만 보통 20대 후반일 것이다. 자기 색깔을 찾을 시기인데, 어영부영 살다가는 남의 색으 로 덧칠을 당하게 될 것이다. 적극적으로 자신을 홍보하고 마케팅을 해야 할 시기다. 이 기회를 잘 활용해야 30대의 10년을 잘 보낼 수 있게 된다. 이 시기의 키워드는 '폭넓고 원만한 인간관계'와 '적극적인 경력 쌓기'다.

누구나 어떤 식으로든 경제 활동을 해야만 한다. 그 활동 공간이 바로 회 사 혹은 창업이다. 일단 대부분의 삶을 기준으로 생각해 보자. 고등학교, 명 문대를 거쳐 대기업 직원 혹은 공무원을 꿈꾸는 현재 대한민국 청춘들의 삶 말이다.

《인생 따위 엿이나 먹어라》의 저자 마루야마 겐지는 "남에게 고용되는 처 지를 선택하는 것은 자유의 9할을 스스로 방기하는 일"이라면서 직장을 먹 고살 걱정을 덜어 주는 곳, 안정적인 곳이라고 믿는 직장인들에게 독설을

날렸다. 자기 안에 어떤 능력과 가능성이 숨어 있는지도 모르면서 왜 처음부터 직장인이라고 하는 매가리 없는 생활을 추구하느냐는 것이 마루야마 겐지의 생각이었다.

좋은 이야기이긴 하지만 반은 맞고 반은 동의하기 힘들다. 한국의 취업 준비생들에게 이렇게 말했다가는 배부르고 팔자 좋은 소리나 한다고 욕먹는다. 지금은 어떻게든 생존해야 하는 시기라고 입을 모은다. 능력과 가능성을 가지고 있긴 하지만 모든 것이 불안정한 세상이니 당장은 큰 회사에 들어가 비를 피해야 한다고 믿는다. 이 또한 반은 맞고 반은 틀린 말이다. 회사는 결코 당신이 비를 맞지 않도록 우산을 펴 주는 곳이 아니다. 무슨 말일까?

정리해 보자. 우리는 취직을 해야만 한다. 경험을 해 본 사람은 알겠지만 첫 직장과 그곳에서 맡은 바 업무가 대학교 때 공부한 전공과 무관한 경우도 많다. 법대를 나왔다고 전부 변호사가 되는 것도 아니고, 국문과를 나왔다고 해서 국문학자나 소설가 외에는 할 일이 없는 것도 아니다. 조경건축학과를 졸업한 필자 역시 오픈마켓에서 일을 하고 있으리라곤 상상조차 하지 못했다. 물론 대학에서의 공부가 전혀 불필요하다는 뜻은 아니다. 필자 역시 알게 모르게 도움을 많이 받았다.

조경건축학은 건축학은 물론이고 수학이나 통계학까지도 공부해야 하는 학문이다. 게다가 선 하나까지도 중요하게 여기는 아트적인 요소도 있다. 쇼핑몰이라는 것이 결과적으로 보면 가상의 건축물이므로 일맥상통하는 부분이 있다. 당연히 디자인적 요소가 필요한 것이다. 광고 카피, 이벤트 페이지 등 모든 것에 미적인 감각이 필요하므로 오픈마켓 MD와 조경건축학은 전혀 무관하다고 할 수 없는 것이다.

어쨌든 대부분의 회사는 '초보 인재'를 뽑으면서 전공 학과를 그다지 중요하게 생각하지 않는다. 신입 직원을 고용한 뒤 하나부터 열까지 새로 가르쳐야 하기 때문이다. 아직은 젊고(월급이 적어도 되고) 백지와 같은(상사가 시키는 대로 하는) 무경력자이기 때문에 이것이 가능하다. 하지만 연차가 쌓이고 '경력 인재'가 되었을 때는 회사에서의 전공 분야가 무엇인지 매우 중요해진다. 어떤 회사에서 일을 배웠고, 어떤 일을 했고, 주위의 평판이 어떤지에 따라 스카우트 제안의 넓이와 깊이가 달라지는 것이다. 그래서 첫 직장이 중요한 것이고, 남은 인생을 좌우하는 두 번째 기회를 제공하는 것이니 신중하게 선택하라는 것이다.

'내가 생각하던 회사는 이게 아닌데. 이 지겨운 일을 평생 해야만 한다는 말인가?'라고 후회해 봐야 이미 때는 늦었다. 일단 사회에 나와 일을 시작하면 그 순간부터 경력이 시작되고, 마음에 들지 않는다고 마음대로 다람쥐 쳇바퀴를 멈출 수는 없다. 하루는 금세 일주일이 되고, 일 년이 된다. 꿈을 찾아 인생을 새로 설계할 시간적 여유가 없다. 어김없이 닥치는 카드 값 결제 때문에 한 달 이상 백수로 지내기도 어렵다. 만일 결혼까지 했다면 더더욱 그렇다. 연료가 바닥날 때까지 엔진을 멈출 수 없는 비극적인 상황에 처하게 되는 것이다. 연료가 먼저 떨어질지 엔진이 먼저 고장이 날지 갈 때까지 가 보는 치킨게임이 시작되는 것이다.

내가 생각하던 회사가 아니라며 다른 곳으로 옮겨 봐야 그 밥에 그 나물이다. 일단 경력이 시작되면 가고 싶은 회사도, 갈 수 있는 회사도, 오라고 하는 회사도 대부분 동일 업종 안에 있는 회사일 경우가 많다. 게다가 경력이 쌓인 만큼 나이도 먹었기 때문에 원래의 꿈을 찾아 다시 시작하기가 더 더욱 쉽지 않다. 원래 꿈꾸던 업종으로 가면 다시 신입 사원이 돼야 하기 때문이다. 그러니 처음 직업을 선택할 때 이왕이면 적성에 맞는 일을 택해야 한다.

"4년 동안 공부한 전공이므로 관련 회사에 취직해야겠지? 당연히 대기업에 입사해야겠지? 내 꿈은 이게 아니지만 하는 수 없지."

이런 식으로 생존을 핑계로 자아를 내버리는 청춘이라면 청춘이 아니다. "취업난을 알고도 하는 소리냐?"라고 묻는 사람도 있을 것이다. "먹고살 걱정이 없어야 그 다음에 꿈을 찾든지 말든지 할 것 아닌가?"라고 항변하기도 할 것이다.

취직이 어려운 상황이니 그 관문이라도 통과하고 싶어서 하는 생각인 것은 잘 안다. 하지만 취직이 되면 적어도 하루 열 시간 이상 회사에 있게 되는데 그곳에서 자아실현을 하지 못한다면 얼마나 불행한 일이겠는가. 그래서 단순히 돈만 벌러 가는 '직장'이 아닌 나의 꿈을 이루어 주는 '직업'을 선택하라는 것이다. 대기업이냐 아니냐를 기준으로 삼지 말고, 막연히 그려 봤을 진짜 내 삶의 퍼즐을 완성할 수 있는 곳인가 아닌가를 따져 보라는 것이다. 인생의 교차로에서 직업을 선택할 때 중요한 것은 사실 월급보다 꿈이다.

어차피 처음 시작하는 일인데 이왕이면 평생 하고 싶은 일을 찾아서 시작해 보는 것이 낫지 않을까? 마음에도 없는 일을 하면서 평생을 허비할 수는 없는 일 아닐까? 이런 선택을 할 수 있는 절호의 기회는 대학을 졸업하고 구직 활동을 할 때뿐이다. 비록 대학은 분별없이 갔지만 회사만큼은 제대로 택해야 하지 않겠는가? 또다시 적성에도 안 맞는 공부나 일을 할 수는 없지 않겠는가? 그런 뜻에서 하는 말이다. 필자 역시 전공과 다른 패션과 유통업에 관심이 많았고 그래서 적극적으로 까르푸 면접에 임했던 것이다.

"일단 어디라도 들어가서 비를 피해야지."라고도 생각할 것이다. 하지만 회사는 결코 직원들이 먹고살 걱정을 없애 주는 곳이 아니다. 평생을 보장해 주는 안정적인 곳도 아니다. 이 말은 현재 직장을 다니는 사람들에게도 해당되는 이야기다. 그래서 회사를 다닐 수 있는 동안 자기 계발에 힘쓰지 않으면 퇴사의 그날도 빨라질뿐더러 퇴사 후에도 힘들어진다.

직장 생활을 하다 보면 어느새 서른 즈음이 된다. 서른 즈음이 되면 세상이 보이기 시작할 것이다.

자신이 속한 업계가 어떻게 돌아가고 있는지, 우리 회사는 시장 안에서 어떤 입지인지 파악할 수 있게 된다. 그러면서 이런저런 생각이 들 것이다. 일에 대한 회의 혹은 인정받고 싶은 욕구가 첫 번째. 월급 등 조건이 더 좋은 회사로 이직하고 싶은 욕구가 두 번째. 그리고 간혹 스카우트 제안을 받은 다음 어떤 선택을 할지에 대한 고민이 들기도 할 것이다. 이럴 때 선택을 잘 해야 인생의 기회를 잡게 되는데, 자기 색깔이 없는 사람이라면 이직이나 스카우트 모두 쉽진 않을 것이고 회의만 들 것이다. 맡은 바 일을 열심히 하지 않는 사람일수록 회의는 더 자주, 더 크게 드는 법이다.

"내가 이런 회사에서 썩고 있을 사람이 아니야. 곧 옮길 거라고" 불평하는 이들에게는 어느 회사에 있든 간에 최고가 될 자신은 있냐고 묻고 싶다. 대기업 직원은 아니지만 업계에서 "회사의 아무개는 확실한 친구"라는 말이 돌 정도로 열심히 산다면 개인적 비전이 없다고는 할 수 없다.

어디에서든지 최고가 되자. 복사 심부름을 하더라도 열심히 하는 사람이 있고, 대충대충 하는 사람이 있다. 사소한 것 하나라도 열심히 해서 달인이 되면 회사는 그런 사람을 절대 계속 복사만 하게 내버려 두지 않는다. 더 좋은 부서로 승진을 시켜 줄 것이다(만일 그렇게 대우해 주지 않는다면 당장 그만두라). 또한 그런 소문이 나면 스카우트 제안이 오지 않을 수가 없다(그러니까 그만두라).

복사도 잘 해내지 못하면서 불평만 해 대는 사람들은 개인 사업을 해도 성공하기 어렵다. 이 산을 열심히 오르지 않은 사람은 저 산에서도 매력을 찾지 못할 것이다. 투덜거리며 산을 올랐다가 "아, 이 산도 아닌가벼."라고 할 것이 틀림없다.

30대는 이름값을 해야 할 때다. 공자는 서른을 두고 이립而立이라고 했다. 경제적 독립, 인격적 자립을 해야 한다는 뜻이다. 어영부영할 때가 아니다. 열심히 자기 색깔을 찾아내 적극적으로 홍보하고 마케팅을 해야 한다. 그렇게 주변에서 인정받아야 할 때다. 인정받는다는 것은 인간관계를 잘 맺는다는 뜻이다.

인맥 관리야말로 현대 사회에서 가장 중요한 생존 전략이다. 향후 독립했을 때 내가 돈을 벌 수 있게 도움을 주는 사람들이 바로 사회에서 만난 사람들이다. 대개 사회에서 쌓은 경력을 바탕으로 창업을 하기 때문에 인맥은 매우 중요하다.

사회에서 만난 사람들은 학창 시절에 만난 친구들과 확연히 다르다. 당신의 실수를 절대 눈감아 주지 않고, 인격적으로 자립하지 못했다면 숨도 쉬지 않고 등을 돌려 버린다. 원래 나쁜 평판은 소문도 빨리 나고, 그런 사람은 동종 업계 안에서 이직이나 창업하기가 힘들다.

또한 일방적으로 무언가를 얻어 내려고만 한다면 백발백중 인맥 관리는 실패하게 된다. 수직 관계 때문에 어쩔 수 없이 얼굴은 마주보고 있을지는 몰라도 마음은 이미 돌아서 있다. 사회에서 만난 사람들은 경쟁자인 동시에 서로 돕는 공생의 관계다. 상대방이 잘 될 수 있도록 먼저 손을 내밀고 도울 때 공생은 가능해진다. 나와 관계된 사람이 행복해져야 나도 행복해진다는 것은 불변의 진리다. 을이 없으면 갑도 있을 수 없는 것처럼 높은 위치에 있다고 상대방을 함부로 대하다가는 세 번째 기회를 잡지 못할 수도 있다.

세 번째 기회는 40대 중반 정도에 오는데 자의 반 타의 반 직장 생활을 끝내고 난 뒤 인생 후반전을 시작할 때 온다. 어떤 직업을 택하고 얼마나 철저히 준비하느냐에 따라 기회의 길이가 달라진다. 오래가는 기회인지 단발로 왔다가는 기회인지가 결정되는 것이다. 내 인생의 MD가 되어 '플랜'을 잘 짜야 남은 인생이 편안해진다. 이 시기의 키워드는 '선택'과 '준비'다.

우리는 평생 일을 해야만 하는데 평생직장의 개념은 점점 사라지고 있다. 다시 말하면 언젠가 월급쟁이를 그만두고 창업을 해야만 한다는 뜻이다. 그게 인생 후반전의 개막이다.

그런데 창업이란 매우 두려운 일이다. 십 수 년을 월급만 받던 사람이라면 특히 더 그렇다. 사장님. 듣기는 좋지만 아주 부담스러운 단어다. 이젠 월급을 주는 입장이다. 어차피 해야만 하는 일이라면 치밀한 '플랜'을 짜는 것이 중요하다.

인생을 두고 운칠기삼이라는 표현을 많이 한다. 성공하기 위해서는 운이 70%이고, 실력이 30%라는 뜻이다. 그만큼 운대가 잘 맞아야 한다는 뜻이고 여기서 말하는 실력이란 나만의 고유한 아이템이다. 남들과 다른 어떤 기술을 가지고 있어야 행운이 눈앞에 왔을 때 곧바로 잡을 수 있는 것이다. 늘 준비하고 있어야 한다는 뜻이다.

운이란 로또 같은 것이 아니다. 인간관계를 통해서 형성되는 경우가 많다. 운運의 뜻은 '움직일 운' 혹은 '옮길 운'이다. 글자를 파자破字해서 보자면 '쉬엄쉬엄 갈 착辶'을 뜻하는 책받침 변과 '군사 군軍'으로 이루어졌다. 軍이란 병사가 전차戰車를 둘러싼 모양 혹은 둘러싸는 일을 뜻하므로 결국 運이란 병사들이 전차를 호위하고 함께 천천히 나아가는 모양새라고 할 수 있다. 전차에 탄 무사와 이를 호위하는 보병이 운명 공동체가 된 것이다. 리더는 부하들을 잘 통솔해야 전차가 산으로 가지 않는다. 부하들은 리더의 전략을 굳게 믿어야 전쟁터에서 살아 돌아올 수 있다. 서로를 잘 만나는 것이 바로 행운인 것이다.

車라는 것이 결국은 운전수 하기 나름이기 때문에 과속하지 말고 쉬엄쉬엄 운전하라는 뜻으로 쉬엄쉬엄 갈 착辶의 책받침 변까지 붙였다. 한 전차를 탄 운명 공동체 사람들과 함께 욕심내지 말고, 표지판을 지켜가며, 규정 속도에 따라 천천히 운전을 해야 운세가 트이고 성공적으로 목적지에 다다를 수 있다는 말이다.

앞서 오픈마켓에서 판매할 아이템을 선정할 때 자신이 몸담았던 분야나 취미에서 선택하는 것이 좋다고 한 설명을 기억하는가? 몸담았던 분야라야 아는 것도 많고 아는 사람도 많아 철저한 준비가 가능하다. 그 안에 운과 기술이 숨어 있다.

다시 강조하지만 자신이 몸담았던 두 번째 기회를 어영부영 흘려보낸 사람이 세 번째 기회에서 성공적인 선택을 하기란 쉽지 않다. 인생 전반전을 대충 뛴 선수가 후반전이라고 해서 더 열심히 뛸 가능성은 거의 없다. 아마도 게으름 때문에 운명을 함께할, 도와줄 인맥도 만들지 못했을 것이다. 언제 어디서나, 그 무슨 일이건 지금 하고 있는 일을 열심히 하는 사람만이 성공할 수 있다. 조용히 왔다가 가는 행운을 거머쥘 수 있는 것이다.

그런데 지금은 100세 시대다. 환갑이나 칠순으로 인생을 마감하던 시대에는 3번 정도의 기회만 잘 활용해도 괜찮았는데, 이제는 4번으로도 부족한 시대가 되어 버렸다. 인생이 2모작으로 끝나지 않고 3모작을 큐레이션 해야만 하기 때문에 기회와 선택이 더 중요하게 되었다. 인생 연장전까지 고려해야 하는 것이다.

인생에 찾아오는
첫 번째 기회는 무조건적인 노력으로,
두 번째 기회는 적극적인 쟁취로,
세 번째 기회는 철저한 준비로 잡아야 한다.

오픈마켓을 예로 든다면 셀러에게도 세 번 정도의 기회가 찾아온다. 처음은 아이템을 선택하면서 찾아오는 기회이다. 아이템에 따라 블루오션을 개척하는 셀러가 될 수 있고, 레드오션을 퍼플오션으로 만드는 셀러가 될 수도 있다. 하기 나름이다. 두 번째 기회는 사업이 성공했을 때 찾아온다. 성공에 도취해 자만하는 셀러와 겸손하게 다음 단계를 준비하는 셀러의 차이는 크다. 어떤 선택을 할 것인가에 따라 세 번째 기회는 아니 올 수도 있다. 마지막 기회는 사업이 실패했을 때 찾아온다. 이때, 자포자기하는 셀러와 반전의 기회로 삼는 셀러가 있을 수 있다. 어떤 선택이 어떤 결과를 낳을지는 굳이 설명하지 않아도 알 수 있을 것이다.

11번가 역시 G마켓과 옥션이라는 양대 산맥이 굳건히 버티고 있는 상황이었지만 오픈마켓 사업을 선택했다. 그리고 다양한 경험과 부단한 노력, 신뢰를 바탕으로 한층 성장할 수 있는 기회를 잡았다. 그리고 엄지족이 대세인 시대가 오자 본사와 힘을 합쳐 스마트하게 두 번째 기회를 잡았다. 셀러들과 원활한 관계를 맺고 적극적으로 경력을 쌓아 나갔다. 그리고 지금 세 번째 기회를 준비하고 있는 중이다. 과연 어떤 선택, 어떤 준비가 아름다운 미래로 안내할지 고민하고 있는 중이다.

이것이 나만의 개똥철학이다. 물론, 연륜이 짧은 탓에 어르신들의 말씀을 다시 정리하는 수준이었다. 하지만 기회란 스스로 만드는 것이라는 어르신들의 말씀, 하나도 틀린 게 없었다. 옛 선현들의 좋은 말을 새겨들으면 자나가도 떡이 생긴다. 명심하자.

컴퍼니는 빵을
_ 나눠 먹는 곳

까르푸 구매부 과장을 끝으로 나의 인터넷 쇼핑몰 스토리가 시작된다. 교차로에서 '이직'이라고 하는 두 번째 기회를 만난 것이다. 첫 직장에서의 경력과 경험이 바탕이 되었음은 물론이다.

2001년부터 SK텔레콤의 자회사 넷츠고netsgo에서 운영하던 인터넷 쇼핑몰 '해피 투 바이'에서 유아동 MD로 재직했다. 까르푸라고 하는 오프라인 분야에서 온라인으로 넘어온 것이다. 낯설었고 여러 가지 공부도 필요했다.

당시엔 온라인 쇼핑의 인프라가 구축되지 않은 시기였다. 업체 사장님들의 온라인에 대한 이해도도 낮았다. 지금의 소셜 커머스가 지역 업체들을 대신해서 해 주는 것처럼 셀러의 상품 이미지와 설명을 등록하는 일까지 회사에서 아르바이트를 써 가며 대신 해 줘야만 했다. 또한 거래처의 사장이나 임원을 상대하다가 중소 셀러들을 만나게 되면서 혼란스럽기도 했다. 상대적으로 업무의 사이즈가 작아진 듯한 느낌도 받았다. 일단 매출이 작았다. 까르푸에서 퇴사할 당시 음료·주류 구매 과장을 맡았었는데 1조 2000억 원의 회사 매출 중에서 1000억 원을 담당했었다. 그런데 해피 투바이의 연간 목표액이 500억 원 정도였으니 적응이 잘 되지 않았다.

2005년부터는 SK컴즈에서 운영하던 '네이트몰'과 '싸이마켓'에서 커머스 사업팀 팀장을 맡았다. 그 무렵부터 인터넷 속도가 빨라지고, 보급형 DSLR이 출시되는 등 오픈마켓이 본격적으로 자리를 잡기 시작했다. 소비자들 역시 패션 상품을 온라인에서 산다는 것에 의아해하다가 서서히 익숙해지기 시작하는 시기였다. 그리고 2007년부터는 11번가 오픈을 준비했다.

그렇게 2008년 2월, 11번가가 정식으로 문을 열었다. 11번가는 오픈 1년 만에 괄목할 만한 성장을 이끌며 업계의 신흥 강자로 급부상했고, 지금까지 지속적인 성장을 유지하고 있다. 11번가는 5년 새 10배 이상 성장했는데, 그 긴 시간 동안, 사업 초기부터 10여 년 동안, 필자는 작년에 처음으로 이틀 휴가를 썼을 정도니 나름대로 회사에 기여한 바가 크다고 자인하고 있는 1인이다.

그래서일까? MD그룹 그룹장, MD본부 본부장을 거쳐 2013년 말부터는 오픈마켓 총괄상무를 맡고 있다. 비로소 SK본사의 임원이 된 것인데 아직은 본사 임원들 중에 1970년대 생이 많지 않고, 11번가 직원 중에서도 본사 임원은 대표 이사를 포함하여 단 3명뿐이니 조금은 빠른 승진이라고 할 수 있겠다.

"11번가에서의 업무 추진력과 성과를 높이 인정받아–"라는 것이 당시 승진의 사유였다. 조금 더 자화자찬을 하자면 '혁신 DNA·젊은 피·톡톡 튀는 아이디어·불도저 리더십'처럼 듣기 좋은 하마평들도 있었다. 사실 이런 걸 부정하면 오히려 그게 더 재수 없어 보일 터니 인정할 건 인정하겠다. 영혼이 실린 잘난 척은 누군가에게 도전·발전·오기의 계기가 되기도 한다는 것이 지론이다. 하지만 성장의 주요 원동력은 직원들에게 있었다.

다음은 OM총괄로 진급한 후 모 언론과의 인터뷰에서 밝힌 내용인데, 안타깝게도 기사화되지는 않았다. 회사가 급성장할 수 있었던 원동력이 무엇이냐는 질문에 대한 답이었는데, 이 자리를 빌려 다시 한 번 밝혀 볼까 한다.

"직원들이 남다른 감각과 열정으로 똘똘 뭉쳐야 빛을 발할 수 있는 것이 '온라인 유통업'입니다. 단합은 특히 사업 초기에 더없이 중요한 요소입니다. 이를 위해선 회사 차원의 동기 부여 제도가 필요합니다. 도전적이고 혁신적인 기업 문화를 가진 11번가에는 구성원의 전문성과 역량 극대화를 위한 제도적 기반이 마련되어 있습니다. 매월 도전상, 혁신상 부문을 선정하여 해당 직원에게 포상하고, 혁신 사례는 내부 공유를 통해 선순환적 발전을 이루어내는 SUPEXSuper Excellent 환경을 조성하고 있습니다. 또한 아이디어뱅크상, SKMSsk management system 실천상 등을 제정해 롤 모델이 되는 조직에게는 포상도 하고 있습니다. 회사에 대한 애정과 열정, 창의력을 바탕으로 한 직원들의 도전 정신이 투철했던 것. 그리고 그것을 끝까지 밀어 붙여 실현시키는 회사의 추진력이 성장의 원동력이 된 것입니다. 신규 사업을 시작하는데 있어 '추진력'처럼 좋은 무기도 없는 것 같습니다. 저 역시 한 번 꽂히면 독하게 달려드는 성격이라서 밀어붙일 때는 불도저처럼 밀어붙였죠. 막을 것도 거칠 것도 없었습니다. 든든한 직원이 함께 있으니까요."

| Company = 함께com + 빵pany |

회사란 함께 빵을 나눠 먹는 곳

"직원들의 힘이 컸다는 건가요?"

"11번가는 열정과 패기가 넘치는 인재들로 구성되어 있는 젊은 조직입니다. 그들과 함께한 지난 7년의 시간은 무척 즐거운 추억이었습니다. 런칭 준비 전부터 현장에서 직원들과 함께 고민하고, 직접 영업도 뛰고, 밤 11시가 야식 타임일 정도였으니까 밤샘 회의야 기본이었죠. 회사는 영어로 컴퍼니 company인데 이는 함께com 빵pany을 먹는 사람들, 즉 동료들이라는 뜻에서 나온 말이라고 합니다. 우리는 그렇게 한솥밥을 먹는 식구처럼 회사를 일궈 나갔습니다."

낯간지러운 회사 자랑이지만 사실이었다. 신뢰 마케팅, 모바일 쇼핑 채널 선점 등 외적인 요인들도 많았지만 직원들의 열정이라는 내적인 배경이 없었으면 11번가는 지금의 모습을 갖추기 어려웠을 것이다. 필자 또한 임원으로 진급할 수 없었을 것이다.

회사는 이익을 목표로 하고 그 목표를 위해 직원들이 노력하고 빵을 나눠 먹는 곳이지만 그 빵이 단순히 월급이 아니라 공유할 만한 가치가 있는 어떤 것이라면 직원들의 노력은 달라진다. 그것이 무엇일까? 필자를 포함하여 회사라는 곳을 출근하는 모든 사람들이 고민해야 할 숙제일 것이다. 식구들끼리 모여서 함께 밥을 먹는 것 역시 끼니를 때우는 것 이상의 가치가 있지 않은가? 회사에도 그런 가치가 필요하다.

역대 대표님들로부터 이런 가치를 많이 배웠다. 정낙균 1대 대표 이사는 추진력이 강한 리더였다. 사업가로서의 감이 남달라 시장을 예측해 가며 발빠른 마케팅을 펼쳐 나갔다. 옥션과 G마켓이 95%를 장악하고 있는 시장에 뛰어든 11번가. 그 회사의 수장이었으니 스트레스가 보통이 아니었을 것이다. 하지만 정 대표는 늘 새로운 일을 기획하고 개발하면서 시장을 개척하고 돌파해야만 발전이 있지, 카피캣 전략을 써서는 선두 주자의 뒤꽁무니만 바라보는 신세가 될 것이라고 강조했다.

이준성 2대 대표 이사는 조직의 전체적인 하모니를 잘 이끌어 내는 지휘자 스타일이었다. 그는 11번가가 급하게 성장하면서 발생하게 된 조직 사이의 엇박자를 조율하는 데 심혈을 기울였다. 갑자기 키가 커진 청소년에게 근력 키우기 같은 체력 보강이 중요한 것처럼 급성장한 조직에는 직원들 사이의 원활한 관계와 의사소통이 중요하다고 강조했다. 이 대표는 냉철한 분석력과 전략적 마인드로 오픈마켓 제 2기를 탄탄하게 다져 나갔다.

2014년 현재 11번가를 이끌고 있는 김수일 3대 대표 이사는 한국의 오픈마켓 시장이 다소 정체된 상황에 취임했다. 오픈마켓뿐만 아니라 전체적으로 경제가 침체된 시기였다. 사면초가의 상황을 타개할 방법이 필요했다.

김 대표는 회사의 체계를 빠르게 다져 나가는 한편 불투명한 미래를 남보다 한 단계 앞서 전망하면서 시장의 변화에 능동적으로 대처해 나가는 방식으로 솔루션을 만들어 가고 있는 중이다. 제2의 도약을 위해 성장 동력을 재정립하고 장기적인 플랜과 비전을 공유하고 있는데, 그의 플랜에는 항상 어떤 이야기가 담겨 있어서 보고 듣는 재미가 있다. 그것은 바로 스토리텔링에서 한발 더 나아간 스토리두잉Story Doing이다. 예를 들어 보여 주는 광고에서 그치는 것이 아니라 고객과 함께 체험하는 이벤트 행사를 통해 스토리두잉을 하자고 강조한다.

좋은 상사를 모시게 되는 것도 샐러리맨의 복이다. 참으로 감사한 일이다. 삼세판에서 두 판만 이겨도 감지덕지인데 완판 승을 거두고 있으니 말이다. 한편 1대, 2대 대표 이사는 각각 터키와 인도네시아에서 지사장으로 활동하고 있다.

이처럼 나름대로 이커머스 1세대로서 초창기 산전수전을 두루 경험하면서 유통 시장에 영원한 1등은 없다는 것을 온몸으로 절감했다. 다시 말하면 영원한 2등도 없으니 좌절할 필요가 없다는 교훈을 얻었다. 1등에 올라섰다고 자만해서는 안 된다는 것도.

🚶 유능한 _ 리더의 역할

이 글을 쓰면서, 2014년 하반기를 전망하다가 문득 올해 대기업 총수들의 신년사가 궁금해졌다. 특히 올해부터 임원으로 명함이 바뀌다 보니 대한민국 최고의 거대 조직을 이끄는 리더들의 생각이 더욱 궁금해진 것이다.

과연 그들이 혜안을 가지고 2014년을 바라본 것인지, 아니면 그저 인사치레였는지, 그들이 세웠던 올해의 목표는 잘 지켜지고 있는지 눈여겨보고 싶어졌다.

사실 대기업 총수들은 신년사에 매우 깊은 애정을 보인다. 그냥 비서실에서 대신 써 주겠거니 생각하면 큰 오산이다. 능력 있는 직원이 총수의 말을 받아 먼저 초안을 쓰겠으나 거기서 끝나는 것이 아니다. 전문가를 동원해 실수는 없는지 감수도 하고, 자신의 어투에 맞게 수정도 하고, 경쟁사의 행보도 염두에 두는 등 간단치 않다.

먼저 이건희 삼성 회장의 신년사부터 살펴보자. 편의상 요점만 간추렸다.

"신경영 20년간 글로벌 1등이 된 사업도 있고, 제자리걸음인 사업도 있습니다. 선두 사업은 끊임없이 추격을 받고 있고 부진한 사업은 시간이 없습니다. 다시 한 번 바꿔야 합니다. 5년 전, 10년 전의 비즈니스 모델과 전략, 하드웨어적인 프로세스와 문화는 과감하게 버립시다. 불황기일수록 기회는 많습니다. 남보다 높은 곳에서 더 멀리 보고 새로운 기술, 새로운 시장을 만들어 냅시다. 협력사는 우리의 소중한 동반자입니다. 모든 협력사가 글로벌 경쟁력을 갖추도록 기술 개발과 생산성 향상을 도와야 합니다. 지난 20년간 양에서 질로 대전환을 이루었듯이 이제부터는 질을 넘어 제품과 서비스, 사업의 품격과 가치를 높여 나갑시다. 우리의 더 높은 목표와 이상을 향해 힘차게 나아갑시다."

정몽구 현대차 회장은 "최근 세계 경제가 저성장 시대에 접어들며 업체 간 경쟁은 더욱 치열해지고 있으며, 기술의 융복합에 따른 산업의 변화로 불확실성이 더욱 증대되고 있습니다. 글로벌화되어 있는 조직의 효율과 역동성을 확보함으로써 대내외 경영 환경 변화에 더욱 민첩하고 유연하게 대응해 나가야 할 것입니다. 그룹의 새로운 성장 동력을 창출하기 위해 사업 구조와 중장기 성장 전략을 더욱 체계화하고, 더욱 혁신적인 제품과 선행 기술 개발에 전사적인 역량을 집중해 나갈 계획입니다. 그린카와 스마트카 같은 혁신 기술 개발에 투자하고 일자리를 창출함으로써 창조 경제 실현에 공헌할 수 있도록 노력합시다. 아울러 협력사와 동반 성장 활동을 강화하고 소외된 계층을 보살피는 사회 공헌 활동에 적극 앞장섭시다."라고 했다.

구본무 LG 회장은 "앞으로의 경영 환경은 위기 그 자체입니다. 원화 강세와 경기 회복 지연 등 경제 여건은 여전히 어렵습니다. 선도 기업의 독주는 더욱 심해지고 다른 범주에 속하던 기업과의 경쟁도 많아졌습니다. 선도 기업과의 격차를 크게 좁히지 못했고 후발 주자들은 무서운 속도로 우리를 추격해 오고 있습니다. 임직원 모두가 지금이 위기임을 분명하게 인식해야 합니다. 다음과 같이 당부 드립니다. 첫째, 주력 사업에서는 고객이 선택하고 시장에서 인정받는 선도 상품으로 반드시 성과를 일궈 냅시다. 둘째, 신사업들은 일등을 하겠다는 목표로 철저하고 용기 있게 키워 나갑시다. 셋째, 항상 고객의 입장을 최우선으로 하고 스스로 이끌어 가는 문화를 정착시켜 나갑시다. 넷째, 사회와 함께 성장하고 호흡하는 대표 기업으로 자리매김합시다."라고 했다.

| 리더에게 필요한 덕목 |
의사소통, 비전 제시, 신뢰감, 공정함

대기업 총수들이 전한 신년사의 공통점은 올해가 위기의 해이며, 새로운 성장 동력이 필요하고, 잘 하던 것은 계속 잘 하고 못하는 것은 더 잘 하자는 것이었다. 그리고 협력사나 소외된 계층도 살피자고 했다.

사실 직원들은 이런 신년사를 달가워하지 않는다. "작년에도 경기가 안 좋았지만 올해는 더 안 좋을 전망이다. 그래서 월급을 동결한다. 참고 일하다 보면 좋은 날 온다. 올해 목표를 달성하면 보너스를 듬뿍 주겠다."는 말을 믿지 않는다. 직원들은 이런 신년사를 들으면서 마음속에 심어둔 불신이라는 화초에 물을 주게 된다.

"작년에도, 재작년에도 저런 말 하지 않았나? 위기라고. 1년만 참아 보라고. 그런데 이게 뭐야. 죽어라 열심히 해서 목표치를 달성했는데 올해 인센티브가 없어? 저런 리더 밑에서는 절대 열심히 할 필요가 없어. 열심히 해도 돈을 버는 건 회사지 내가 아니잖아."

사실 이런 생각을 하는 사람은 어디에 가서 무슨 일을 하든 열심히 하지 않는다. 하지만 인간인지라 어쩔 수가 없다. 보너스를 지급하지 않는 회사에 섭섭한 마음이 들 수밖에 없다. 그게 직원이다. 오너는 직원들이 자기 사업처럼 일해 주기를 바라지만, 직원들은 오너가 자신들의 마음을 헤아려 주기를 원한다. 오너는 한 명이고, 직원은 백 명이다. 불만도 백 가지다. 그런데 과연 이 간극을 무엇으로 좁힐 수 있을까? 유일한 방법이 신뢰 아닐까?

　리더에게 중요한 덕목 4가지는 첫째, 의사소통. 둘째, 비전 제시. 셋째, 신뢰감. 넷째, 공정함이다. 오해가 없길 바란다. 필자가 그런 리더라는 뜻이 아니다. 그런 덕목을 갖춘 리더가 되기 위해 노력하고 있는 중이고, 이 글을 쓰면서도 반성하고 있다. 완벽하지 않은 사람이므로 발전을 위해 이런 정리를 해 보고 있는 중이다.

　훌륭한 경영자는 가장 많이 주는 사람, 주는 것이 습관이 된 사람, 늘 더 많이 주는 것을 고민하는 사람이라는 말이 있다. 그런데 돈만 많이 주라는 것이 아니다. 천 냥까지 줄 돈이 없으면 진심이 담긴 칭찬과 격려를 많이 해 줘야 한다. 그렇지 않으면 천 냥을 벌어다 줄 직원도 잃게 된다. 칭찬은 고래만 춤추게 하는 것은 아니다. 직원도 리더가 보여 주는 자신에 대한 신뢰 앞에서 어깨를 들썩인다.

　당연한 말이지만 칭찬과 격려 자체가 곧 의사소통이다. 대화를 하지 않고서는 칭찬할 수가 없고, 직원이 어떤 사람인지 모르고서는 격려를 할 수 없기 때문이다. 제아무리 천하의 명마라고 해도 주인을 잘못 만나면 밭을 간다. 이런 무능한 주인은 병 주고 약 주면서 일만 시킨다. 도통 대화를 하려 들지 않으면서 말을 듣지 않는다고 채찍만 가한다. 말을 하지 않았으니 든지 못한 것인데도 앞뒤 가리지 않는다.

결국 문제는 의사소통이다. 대화가 부족하니 직원들의 장단점을 파악할 수가 없는 것이고, 그러니 할 것이라곤 채찍질뿐이다. 채찍질에는 의사소통이 필요 없다. 당연히 좋은 팀워크를 기대할 수 없다.

의사소통에 능한 리더는 기러기 떼의 선두에서 비행하는 기러기와 같다. 선두에서 만드는 바람 길에 따라 뒤따르는 기러기가 편할 수도 있고, 힘들 수도 있다. 그래서 리더 기러기는 팀원이 제대로 비행할 수 있도록 경쟁과 협동을 잘 조절해야만 한다. 함께 비행하는 것이 1+1 이상의 효과가 있다는 것을 모두가 알게 해야 한다. 이 과정에서 필요한 것이 원활한 의사소통이다. 뒤따르는 기러기의 불만을 들을 줄 알아야 하고, 조금만 더 참고 비행하면 편하게 쉴 수 있는 땅이 나온다고 알려 줘야 한다. 그리고 실제로 그 땅이 나타나야만 한다.

눈에 보이지는 않지만 리더를 따라가다 보면 젖과 꿀이 흐르는 땅이 나타난다는 믿음, 그것이 바로 신뢰다. 이것을 심어 주는 것이 리더의 역할이다. 리더는 미래에 대한 비전, 공유할 만한 목표와 이를 실현할 아이디어를 가지고 있어야 한다. 그래야 직원들이 존경하고 따른다. 힘들어도 참고 함께 비행한다. 이런 역할을 해내지 못하는 무능한 리더는 명함을 휴지통에 버리고 회사를 나와야 한다.

또한 리더가 관리해야 하는 것은 단순히 매출이나 직원들의 인사 고과만이 아니다. 신뢰라는 중요한 물건도 관리해야 한다. "시간이 곧 돈이다."라는 것처럼 신뢰 역시 마찬가지다. 돈 이상의 가치를 가지고 있다. 만일 회사에 돈이 없다고 해도 상호 신뢰만 있다면 당장 문을 닫지는 않는다. 직원들이 버텨 주기 때문이다. 하지만 신뢰가 무너지면 직원들은 그 즉시 떠나 버린다. 믿음이 없으면 비전도 사라지고 일을 해야 할 동기 부여가 생기지 않기 때문이다. 직원이 없는 회사는 곧 바로 붕괴된다.

하지만 믿음만 있다면 (선의의) 독재자도 따라가는 것이 바로 직원이다. 본인의 생각과 다르더라도 믿고 한번 가 보는 것이다. 설령 리더가 "이 산이 아닌갑다."라고 하더라도 내가 억지로 따라간 것이 아니라 자발적으로 함께한 것이므로 후회하지 않는다. 그럴 만한 가치만 있었다고 생각하면 후회는 없다. 우리가 세월호 참사를 통해 배운 것이 바로 이런 것이다. 한 번 금이 간 신뢰는 쉽게 붙이기 어렵다. 비록 회원이 10명도 안 되는 동아리의 회장이라도 진정한 '짱'이라면 늘 명심해야 할 것이다. 그리고 공정함이 마지막으로 중요한 리더의 미덕이다. 후배 한 명만 예뻐하다가는 조직이 붕괴될 수도 있다.

냉정하고 공정한 _ 신상필벌의 리더가 되라

하버드비즈니스리뷰는 리더십을 다음과 같이 정의했다.

"조직원들이 가지고 있는 가능성과 잠재력을 이끌어 내 극대화시키는 것이 리더십의 최고봉이며, 이를 통해 조직의 목표를 달성해 내는 것. 이 2가지가 리더십의 전부다."

이 2가지 목표를 달성하기 위해서는 잘못한 직원에게 벌을 주고 잘한 직원에게 상을 주는 신상필벌信賞必罰의 정책이 필요하다. 이를 가장 잘 사용한 리더가 바로 조조다. 전시는 물론이고 백성들을 다스리는 평시에도 예외가 없었기 때문에 비난도 많이 받았지만 난세에 천하통일의 대업을 이루기 위해서는 불가피한 정책이었다. 예외가 없었기 때문에 알아서 실수를 줄여 나갔다. 사마광은《자치통감》에서 난세의 리더십을 펼친 조조를 다음과 같이 평한 바 있다.

"조조는 공이 있는 자에게는 반드시 상을 주었고 천금을 아끼지 않았다. 그러나 공도 없이 상을 받으려는 자에게는 단 한 오라기의 털조차 나눠 주지 않았다.”

　특히 전쟁 중에는 ‘상’보다 ‘벌’이 훨씬 더 중요하다. 제갈량이 위나라를 공격할 때 자신의 명령을 어기고 다른 전략을 써서 패전을 몰고 온 마속의 목을 베어 버린 읍참마속泣斬馬謖도 같은 맥락이다. 이런 상징적인 행동이 없으면 기강이 바로 설 수 없다고 본 것이다. 조조나 제갈량은 공을 위해서 사적인 감정은 땅에 묻었다. 이것이 바로 리더의 공정함이고 냉정한 원칙주의다. 자신이 총애하는 부하 장수였지만 눈물을 흘리면서까지 칼을 든 것은 예외 없는 군기를 잡기 위함이었다. 예외가 없다는 것은 공정하다는 뜻이다. 공정하지 않다면 신뢰는 순식간에 깨지고 만다. 일한 만큼 상을 받고 일하지 않은 만큼 벌을 받아야 한다.

　기강이 흐트러지면 아무도 목숨 걸고 전투에 임하지 않는다. 기강이 없다면 적군에게 포로가 되었을 때 나의 전우가, 리더가 반드시 구출하러 올 것이라는 믿음도 생기지 않는다. 당장 기강이 해이해진 나부터 구조 명령에 따르지 않을 것이기 때문이다. 전쟁터에서 장군이 병사들에게 줄 것은 식량이나 총알만이 아니라 바로 이러한 신뢰를 심어 줘야만 한다. 위험 상황에 처했을 때 리더가 “나를 믿으라. 나를 따르라.”고 한다면 ‘저 사람을 따라가면 살 수 있다’는 믿음 말이다. 병사들에게 군수 물자만 풍족하게 주었다고 해서 전쟁에서 이길 수 있는 것은 아니다. 장군에 대한 믿음이 없으면 병사들은 오합지졸이 되고 만다.

　논어의 〈안연편〉에 무신불립無信不立이라는 말이 나온다. 공자의 제자 자공이 정치가 무엇이냐고 묻자, 공자는 “식량을 풍족하게 하고, 군대를 충분하게 하며, 백성의 믿음을 얻는 일”이라고 답했다. 자공이 어쩔 수 없이 포기해야 한다면 어떤 순서로 해야 하느냐고 묻자 군대와 식량에 이어 마지막에 신뢰를 버려야 한다고 했다. "백성의 신뢰가 없으면 국가의 존립 자체가 불가능하다民無信不立"는 의미였던 것이다.

다시 강조하지만 신뢰는 의사소통을 통해 형성된다. 리더가 명확한 비전을 제시하고, 우리는 할 수 있다는 자신감과 결코 직원을 포기하지 않는다는 믿음을 심어 주고, 신상필벌을 공정하게 한다면 '존경심'은 저절로 생기게 마련이다.

| 신상필벌에서 가장 중요한 한 가지 |
공정함

이러한 원칙은 기업을 운영함에 있어서도 크게 다르지 않다. 무한 경쟁의 시대에 냉정하고 공정한 상벌 규정이 없다면 기업의 발전 가능성은 희박하다고 할 수 있다. 다만 기업에서는 '필벌'보다는 '신상'에 무게 중심을 두는 것이 효과적이다. 창조적인 사고가 필요한 21세기 경영 전략에서 직원을 군인처럼 다루면 곤란하다. 벌보다는 상을 키워 직원들에게 날개를 달아 줘야 한다.

예를 들어 적자가 났더라도 미리 약속한 부서별 인센티브는 그 어떤 경우에라도 지급한다는 원칙 같은 것들이다. 조직에 대한 충성은 원칙에 대한 믿음으로부터 시작된다는 점을 명심해야 한다. 칭찬이 고래를 춤추게 한다면 포상은 직원을 춤추게 한다.

다만 벌을 주는 잣대에 대해서는 시각의 차가 존재한다. 10번이나 일을 그르쳤던 경솔한 직원이 11번째 실수를 할 때와 단 한 번의 오차도 없던 꼼꼼한 직원이 처음으로 실수를 했을 때의 느낌은 매우 다를 것이다. 그 반대의 경우도 물론 마찬가지다. 과연 이들에게 어떤 잣대를 들이댈 것인가? 실수는 다 같은 실수라고 동일하게 벌해야 할 것인가?

리더는 그 경중과 가치를 잘 따져서 상벌을 추진해야 한다. 예외란 없다며 이유를 막론하고 벌하는 것이 옳은지, 예외 없는 규칙은 없다며 여유를 둘 것인지 결정하는 것은 조직의 생리에 따라 다르므로 전적으로 리더의 몫이다. 누구나 실수를 할 수 있다. 다만 그 실수가 반복되지 않도록 통제하는 것이, 이를 통해 조직의 발전을 꾀하는 것이 바로 리더의 통치력이다.

그렇다면 신상필벌의 직접적 당사자인 직원의 입장에서는 어떨까? 당연히 상이 좋다. 인센티브를 싫어하는 직장인은 없다. 그런데 이를 위해서 타인과의 경쟁에서 이기거나 타인으로부터 좋은 평가를 받아야 한다. 그것이 스트레스다. 능력이 없는데도 인정받기 위해 노력해야 하고, 능력이 있으면 있는 만큼 타인들의 기대가 크기 때문에 더 노력해야 하므로 스트레스다. 이모든 것이 벌을 피하고 상을 받기 위한 심리다.

직원들 사이의 '경쟁심'은 긍정적인 순기능도 있다. 선의의 경쟁을 펼치면서 열심히 일하면 회사도 동반 성장하게 된다. 때문에 회사의 리더는 직원들 사이에 동기 부여와 경쟁심을 유발시켜 개인과 조직의 시너지를 높이고 성과를 높이려고 한다. 리더의 디테일이 요구되는 부분이다.

개인의 숨겨진 열정을 이끌어 내고 성취감을 얻을 수 있도록 인도하는 리더가 있고, 쓸데없이 경쟁심만 부추겨 개인에게는 좌절감을, 조직에게는 결속력 와해를 선물하는 리더도 있다.

이직을 고려하고 있다면

대개의 리더들은 언제나 스스로를 공정하고, 부하 직원들과 허물없는 대화를 통해 신뢰를 주며, 멋진 비전을 제시하는 사람이라고 믿는다. 하지만 직원들의 생각은 조금 다르다(11번가의 직원들을 두고 하는 말이 아니므로 오해가 없길 바란다). 자신이 불공정한지 아닌지조차 모르고, 대화를 하자고 해 놓고 자기 말만 되풀이하고, 오래되어 녹이 잔뜩 슬어 버린 비전을 끌어안고 있는 리더들이 많다고 생각하는 것이다. 그럴 때 직원들은 이직을 고려한다.

보통의 직장인들은 회사에 불만이 생기면 다음과 같은 생각을 하게 된다. 첫째, 더럽고 치사하므로 일단 그만두고 본다. 둘째, 그래도 옮길 곳은 알아보고 그만둔다. 셋째, 이참에 다른 일을 한다. 넷째. 더럽고 치사하지만 그냥 참고 버틴다.

이 사지선다형 사이에서 오락가락하다가 대충 4번을 찍게 된다. 그런데 과연 현명하게 이직하는 방법은 없는 것일까? 다음은 나름대로 간추린 이직의 노하우다. 좋은 말은 아니지만 들려 줄 만한 이야기들이다. 대부분은 회사원이 될 것이고, 누구에게나 회사를 떠나는 그날이 오게 되므로.

　인생의 교차로에서 만나는 두 번째 기회를 잘 활용하다 보면 이직의 순간이 찾아온다. 자기 발전을 위해 회사를 옮기는 것은 직장인으로서 당연한 일이다. 평생직장의 개념이 사라진 지금, 고인 물은 썩게 마련이다. 자의적으로 다른 회사에 지원하는 경우도 있고, 복사마저 열심히 한 사람이라면 외부에서 먼저 스카우트 제안이 오기도 한다. 그런데 과연 언제 어떻게 옮기는 것이 좋을까?

　이커머스 기업들은 부침이 심한 편이라 늘 '경력 인재'들을 필요로 한다. 새로 생기는 회사들도 많고, 인수 합병이 수시로 이루어지기 때문이다. 11번가역시 예외는 아니어서 같이 빵을 나눠 먹던 식구 중에 다른 회사로 자리를 옮긴 친구들이 없진 않다. 그럴 때마다 후배들에게 이런 말을 해 주곤 했다.

　"꼭 지금일 필요는 없다. 이직은 지금이 아니면 안 되는 공부 같은 것이 아니다. 조급증을 버려라."

　스카우트 제안을 받게 되면 연차가 짧은 직원일수록 더 흔들린다. 아직 뿌리가 단단히 박히지 못한 탓이다. 월급을 더 준다는 말에, 직급을 올려 준다는 말에 혹하게 마련이다. 특히 이제 막 창업하는 회사의 창립 멤버 자리를 제안하면 더 그렇다. 당연하다. 그럴 수밖에 없다. 남의 떡이 더 커 보인다는 말은 그렇게 틀린 말이 아니다. 불만은 현재에서 시작하며 그로 인한 발전은 미래에 이루어지는 것이다. 하지만 이직을 할 때는 가급적 천천히 움직이는 것이 좋다. 이직에도 하이 리스크 하이 리턴 법칙이 있다.

　"초기 멤버로 합류하면 스톡옵션 등의 하이 리턴이 있을 수 있다. 도전하는 것도 좋다. 하지만 회사란 초창기에 늘 불안하게 마련이다. 이게 하이 리

스크다. 조급증을 갖지 말라. 지금 당장 오라고 할 때 가지 않으면 큰일이라도 날 것 같은가? 문을 걸어 잠글 것 같은가? 그렇지 않다. 만일 그 회사가 정말 괜찮은 회사라면 계속해서 더 성장할 것이고, 그러면 좋은 인재가 더 많이 필요하게 될 것이고, 그렇다면 당신에게 다시 연락이 올 것이다. 네가 꼭 스카우트해 와야 할 가치가 있는 존재라면 말이다."

급성장했다면 급하강도 있을 수 있다. 지속 성장을 하다가도 어느 날 갑자기 사라지는 것이 IT 관련 회사들이다. 싸이월드, 아이러브스쿨, 네이트온 등이 지금처럼 찬밥 신세가 될 것이라고 예상한 사람이 몇이나 될까? 네이버나 다음처럼 10년 넘게 정상을 지키고 있는 회사들이 몇이나 될까? 카카오톡과 네이버 라인의 1년 후는 또 어떻게 될까?

| 이직할 때 고려해야 할 3가지 |
비전, 보수, 관계

지금 받고 있는 월급에서 10-20만 원 더 준다고 해서 옮기는 것은 좀 아니라는 뜻이다. 철새처럼 옮겨 다니다가 어느 날 터전을 잃는 수도 생긴다. 그런데 요즘 젊은 친구들은 참을성이 부족한 편이다. 작은 문제 하나를 침소봉대하면서 홧김에 그만두는 경우도 적지 않다. 회사란 그렇게 쉽게 들고 나는 곳이 아닌데도 말이다.

힘들다고만 하지 말고 그 속에서 많이 배우고 경험하고 하나라도 더 얻어내기 위해서 노력해야 할 일이다. 그래야 미래를 준비할 수 있다. 그래도 꼭 회사를 옮겨야만 한다면 다음과 같은 3가지 사항을 체크해 보기 바란다.

첫째, 회사의 비전에 나의 비전이 감정 이입 되는가. 둘째, 일한 만큼 정당한 보수를 받고 있는가. 셋째, 함께 일하는 동료들과의 관계는 어떠한가.

이 3가지 사항 모두에 만족하고 있다면 무조건 뼈를 묻겠다는 각오로 열심히 일하는 것이 맞다. 만일 2가지만 만족하더라도 그건 무려 66.6%이므로 투덜거리지 말고 열심히 일해야 하는 것이 맞다. 하지만 겨우 한 가지 혹은 아무것도 일치하지 않는다면 당장 다른 회사를 알아보는 것이 좋다. 그게 본인에게도, 회사에게도 득이 되는 일이다.

먼저 비전이다. 회사의 철학이나 목표가 나 개인의 그것과 같은 방향으로 나아가야 열심히 일할 수 있다. 회사가 IT 업계에서 최고가 되기를 꿈꾸는데 나는 영화에 관심이 있다면 절대 신나게 일할 수가 없다. 회사가 부도덕하게 돈을 벌고 있는데 나는 양심적으로 살고 싶은 사람이라면 역시 오래 다닐 수가 없다.

둘째로 보수다. 직장인이란 일한 만큼 그에 합당한 대우를 받아야 한다. 회사에서 받는 월급은 내가 회사에 공헌해서가 받는 것이 아니라, 내 인생의 기회 손실에 대한 비용으로 받는다는 말이 있다. 내 일을 가질 시간을 회사에 빼앗겼다. 늦춰졌다는 말이다. 그러니 그에 맞는 처우가 있어야 하는 것이다. 단, 열심히 일한다면 말이다.

직장인을 의미하는 샐러리맨salaried man은 라틴어로 소금을 뜻하는 살라리움salarium에서 유래했다. 로마 시대 때 소금은 황금만큼 귀했는데 이것을 군인들에게 임금으로 지급하면서 유래한 것이다. 영어의 병사soldier 역시 여기서 나온 말이다. 아버지가 출근하는 뒷모습이 전쟁터에 나가는 군인의 그것을 닮은 이유가 여기에 있는지도 모르겠다.

소금은 인간의 몸에 없어서는 안 될 성분이지만 많이 먹으면 독이 된다. 월급도 비슷하다. 직장인에게 없어서는 안 될 거의 전부이지만 거기에만 목을 매다가는 정말 목이 매이는 수가 있다. 월급에 너무 많은 가중치를 두지 말라는 뜻이다.

끝으로 인간관계. 요즘 들어 직장생활에서 가장 중요한 요소로 부각되고 있는 것이 동료들과의 호흡이다. 함께 일하는 상사나 동료 때문에 아침에 출근하기가 고욕이라고 호소하는 사람들도 많다. 가족보다 더 많은 시간을 함께해야 하는 특수성이 있으므로 동료 관계는 매우 중요한 요소다. 마음에 들지 않는 상사가 있다고 덜커덕 회사를 옮기는 것은 곤란하다. 그 관계가 10년, 20년 가는 것이 아니며, 조직 개편이 괜히 있는 것이 아니니까.

어떤가? 개인의 상황과 몇 개나 일치하는가? 서두에 2가지만 일치해도 계속해서 다니라고 말한 바 있다. 필자가 보기엔 그게 옳다. 하지만 역시 선택은 본인의 몫이다. 다 갖고 싶다는 것은 욕심이다. 하나를 선택하려면 다른 하나를 버려야 하는 것이 세상의 이치다.

주변을 보면 모든 것을 다 쥐려고 애쓰는 직장인들이 적지 않다. 보통 이런 식이다. "명퇴도 당하지 않고 정년까지 있고 싶다. 그만큼 월급도 많이 받고 싶다. 나아가 자아도 실현하고, 회사의 비전과 함께 크고 싶다. 하지만 나는 간부급이므로 이제 일은 좀 줄이고 싶다."

한마디로 말해서 무모한 욕심이다. 이 모든 것을 손에 쥘 수는 없다. 그런 기회를 주는 회사도 드물다. 능력 있는 사람이 되고 싶다면 시간과 정성과 노력을 선택해서 투자해야 한다. 출세가 필요 없는 사람이라면 여유를 선택하면 된다. 아랫사람들로부터 존경을 받고 싶다면 솔선수범을 선택하면 된다. 노력도 하지 않으면서 금전적 대가만을 바라면 안 된다. 몸과 마음이 편한 회사로 옮긴 뒤에는 월급이 적다고 불평해서는 안 된다.

사회생활을 막 시작하는 젊은 친구들에게 쓴 소리를 하나 한다면 어떤 선택을 했건 월급을 받는 동안은 밥값을 하라는 것이다. 회사의 이윤 극대화를 위해 노력하는 것은 구성원의 책무와도 같다. 특히 일을 배우고 경력을 쌓는 사회 초년생이라면 사적인 일보다 공적인 회사 업무를 우선시하는 것이 좋다. 적어도 동급 정도로는 여겨야 한다. 과감히 사생활을 포기하고, 열심히 일을 하면서 경력을 쌓아야 한다. 그래야 발전이 있다.

회사에 다니는 인생 전반전을 고맙게도 월급을 받으면서 경험까지 쌓을 수 있는 소중하고 좋은 기회라고 생각해야 한다. 훗날 후반전에 창업을 하게 될 때를 생각해 보라. 그때는 아무도 당신에게 월급을 주지 않는다. 그러니 지금 월급을 받는다는 것이 얼마나 고마운 일인지 알아야 한다. 인생 후반전을 준비할 수 있도록 경험도 쌓게 해 주고, 월급까지 주니 얼마나 고마운 일인가.

물론 선택은 개인의 몫이다. 경제학 용어 중에 '균형 이론'이라는 것이 있다. 수요와 공급이 만나는 지점에서 물건의 가격과 가치가 정해진다는 것이다. 삶에서도 마찬가지다. 행복은 삶의 균형을 통해 이루어진다. 일에만 치중하면 가정이 불행해지고, 사적인 일에만 치중하면 회사 업무가 부실해질 수 있다. 저울은 저마다 같지 않으니 스스로 균형을 맞춰야겠지만 알다시피 지금은 전쟁 중이다.

1등을 탐하라
인생은 쇼핑처럼 신나게,
쇼핑은 인생처럼 진지하게

4
—

MARKET
PLACE

10번 찍어서 넘어갈 만한
나무만 골라 10번 찍으라

승률을 높이는 게임을 하자.
전문 분야가 아닌 곳에 뛰어들어 정력을 낭비하기보다
내가 잘 아는 분야에서 진정한 1등이 되라.
인생의 후반전은 승률 높은 게임을 해야 한다.

리더와 조직에 관한 이야기를 조금 더 해 보자. 이번엔 스포츠를 통해서다. 인생을 신나게 살기에 쇼핑도 좋지만 스포츠만큼 좋은 것도 없다. 쇼핑하면서 돈 쓰는 재미가 최고라는 사람들도 있지만 나는 땀 흘리며 일하고, 땀 닦으며 운동하는 재미를 최고로 친다. 프로필 사진을 보면 알겠지만 나름대로 운동선수 체형을 가지고 있어서 보는 것은 물론이고 직접 하는 것도 좋아한다.

어머니가 유명한 탁구 선수 출신이니 탁구를 좋아하는 것은 물론이다 (1962년 자카르타 아시안게임 은메달리스트). 유학 시절엔 미식축구에 빠져들었고(오하이오 주립대 미식축구팀은 매우 유명하다), 프로야구는 두산 베어스의 광팬이었고(물론 현재는 SK 와이번스를 더 사랑한다), 전형적인 한국 남자이므로 축구는 당연히 좋아하고, 회사 내에 야구팀과 자전거 동아리까지 만들었다. 땀 흘리고 운동할 때 살아 있음을 느끼는 그런 류의 사람인 것이다.

간혹 회사의 일마저 축구와 비슷하다고 생각할 때가 있다. 오전 업무는 전반전이고 점심시간은 하프타임, 야근은 연장전이라는 생각이 드는 것이다.

감독과 구단주는 리그 내에서 팀의 포지셔닝을 정확히 알아야 장기적인 전략을 세울 수 있다. 과감한 1등 전략, 혹은 안전한 2등 전략 등이 있을 수 있다. 그리고 팀 안에는 주전 선수와 후보가 있다. 또한 발이 빠른 선수도 있고, 키가 큰 선수도 있고, 점프력이 좋은 선수도 있다. 감독은 그들을 공격형 미드 필더, 전천후 리베로, 든든한 골키퍼로 구분하면서 4-4-2 포메이션이 좋을지, 4-2-3-1이 효과적일지 고민한다. 그게 감독 고유의 역할이고 본연의 임무다. 직원들에게 어떻게 일을 분배하여 지시하는 게 효과적일지 고민하는 것과 같다. 나만의 팀을 만드는 것은 말처럼 쉽지 않지만 적재적소에 선수들을 배치하여 그들이 시너지 효과를 낳았을 때의 기쁨은 이루 말하기 어렵다.

변수는 선수들의 부상이다. 출산이나 병가 등 개인적인 문제로 그라운드에 서지 못하는 직원들이 생기는 것이다. 그래서 백업 선수가 필요하다. 감독은 이런 선수들에게도 두루 마음을 써야 한다. 관심을 주지 않으면 선수가 축구화를 거꾸로 신을 수도 있다.

시즌이 끝나면 하위 리그에 있던 팀이 1부 리그로 가기도 하고, 1부 리그에서 강등당하기도 한다. 이적 시장도 열린다. 프로의 세계에서 더 많은 돈을 주는 곳으로 팀을 옮기는 것은 당연한 일이다. 선수들에게 영원한 내 팀은 없다. 물론 마음의 고향처럼 절대 잊지 못하는 팀은 있게 마련이다. 필자에게는 그게 11번가다. 현재도 미래도 유일무이한 고향이다.

루저를 루키로 만드는 사람은 감독이다

이번엔 야구 이야기다. 필자는 개인적으로 두산 베어스를 좋아한다. 특히 그들의 자율 야구를 좋아한다. 두산이 선수를 키우는 인큐베이팅 시스템도 좋아한다. 아니, 이제는 좋아했다로 바꾸고 싶다.

기억하는가? 2013년 각본 없는 드라마를. 정규 리그에서 4위를 차지해 어렵게 준플레이오프 진출. 넥센에게 첫 2경기를 내주면서 그대로 끝나는가 싶더니 남은 3경기를 모두 이기며 플레이오프 진출. LG를 만나 3승 1패로 한국시리즈 진출. 그리고 한국시리즈에서는 강적 삼성을 상대로 첫 2경기를 이기면서 승리가 눈앞에 온 듯했으나 결국 3승 4패로 준우승에 그치고 말았다. 정규 리그가 끝나고 나서도 무려 16경기를 쉬지 않고 치렀던 두산. 매 경기 접전의 접전을 거듭하면서 포스트 시즌 역대 최고의 드라마를 썼던 두산인데, 그 이후의 행보는 실망스러웠다.

2013년 11월, 두산 프런트는 계약 기간이 아직 1년이나 남은 김진욱 감독을 전격 경질했다. 그 이유가 더 이해되지 않았다. 구단에서는 "좋은 인품을 갖췄지만 큰 경기에서 강력한 리더십을 발휘하지 못했다."고 했다. 이건 사람을 두 번 죽이는 행위다. 사람은 좋은데 일을 잘하지 못해서, 1등을 할 수 있었는데 겨우 2등밖에 못해서 자른다는 말이 아닌가. 열정과 패기만으로는 1등을 하지 못한다. 스포츠는 특히 그렇다. 운도 따라야 한다. 그렇다고 해서, 2등에 그쳤다고 그 열정과 패기를 부정하는 것은 팀원을 맥 빠지게 하는 일이다.

그것은 열심히 응원한 팬들에게도 예의가 아니었다. 흔히 팬을 10번째 선수라고 부르는데 그게 단순히 9+1의 의미가 아니다. 1+1이 시너지 효과를 얻으면 3이 되는 것처럼 가늠이 불가능한 파워를 갖는다. 그런 모습에 팬들이 실망했다.

여기서 끝이 아니었다. 이종욱, 손시헌, 최준석, 임재철, 김선우 등 30대 베테랑들도 FA 이적, 방출 등의 이유로 자의 반 타의 반 두산을 떠났다. "올해 준우승했다고 내년에도 잘한다는 보장은 없다. 지금 개혁해야 한다. 나름대로 확신을 갖고 내린 결정이다"라고도 했다. 고참은 내보내고 젊은 피로 물갈이하겠다는 뜻으로 해석되었다.

이건 정말 "사람이 미래다."라는 CF 광고를 찍는 두산답지 못한 행동이었다. 두산답다는 것은 사람을 아낀다는 것이었다. 물론 니름대로 말할 수 없는 고충도 있었을 것이다. 10년, 20년을 내다보면 젊은 선수를 키워야 하는 것도 사실이다. 하지만 우승하지 못하면 언제든지 잘릴 수 있다는 경영진의 메시지를 최전선에서 뛰는 사람들은 어떻게 받아들일까? 좋은 성과를 내지 못한다면 언제든지 잘릴 수 있는 회사에서 직원들이 열심히 일을 할 수 있을까? 나이 먹으면 나가라는 메시지를 받으면 옷 벗지 않을 궁리부터 하지 않을까? 과정이야 어떻게 되었든 간에 결과만 중시하는 사상누각의 업무 처리를 하지는 않을까?

야구의 신 김성근 감독님이 이런 말을 한 적이 있다.

"감독에게는 사리사욕을 떠나 아랫사람을 위해 희생할 줄 아는 자세가 필요하다. 실수해서 벼랑에 몰려도 선수를 탓하지 말아야 한다."

한 조직을 이끌고 있는 리더라면 명심해야 할 부분이다. 팀원 없이 팀장 없고, '을' 없는 '갑'도 없다. 팀원과 을이 결국은 나의 재산이다. 미래를 위해 투자할 대상 중에 가장 안전한 것은 사람이다. 사람이 재산이고 미래다. 김성근 감독은 이런 말도 남겼다.

"인간이 극복하지 못할 것은 없다. 하지만 단 하나, 시간을 거스를 수는 없다. 때문에 어떻게 노력하느냐가 중요하다. 오늘 이 시간은 다시 오지 않는다. 좀 힘들다고, 정신적으로 지쳤다고 하루를 그냥 보내면 그걸로 끝이다. 그렇게 보낸 하루가 나중에 너무나도 큰 시련으로 다가올 수 있다. 어떤 핑계도 대지 말고 오늘 하루에 모든 것을 쏟아 부어라."

시간은 잘 활용하면 그냥 시간이지만 맘대로 내버려 두면 복리 이자가 된다. 이는 정확히 표현하면 이자가 아니라 갚아야 할 빚이다. 때를 놓치면, 제때 제대로 하지 못하면 구질구질하게 때만 쌓인다. 타자라면 마음에 드는 공이 왔을 때 배트를 휘둘러야 한다. 포수의 미트에 들어가는 공을 멍하니 바라보는 것만큼 바보스러운 타자의 표정은 없다. 또한 투수라면 승부를 봐야 할 때 홈런을 맞더라도 돌직구 한번 날려 보는 거다. 지더라도 후회 없고, 이기면 더욱 멋진 승부로 기억될 것이다. 그리고 루저가 되어 고개를 숙이고 덕 아웃으로 들어오는 선수를 격려하는 것이 감독이 할 일이다. 이렇게 루저를 루키로 만드는 것은 감독의 몫이다.

| 달리는 동그라미는 멈추지 않는다 |
야구, 축구, 자전거의 기본은 동그라미

2013년은 개인적으로 정체된 해였다. 시장이 하루가 다르게 변해 가는데 나는 그 속도를 따라가지 못하고 있다는 생각도 했고, 후배들에게 뚜렷하게 비전을 제시하지도 못했다. 몸도 무거워졌다. 나태해진 탓도 있지만 10여 년 동안 쉬지 않고 일한 탓에 몸이 망가진 것이다. 몸무게가 100kg 가까이 치솟았으며, 왼쪽 몸에 마비가 올 정도였다. 10여 년 동안 휴가라고는 단 이

틀을 썼으니 누구를 탓할 것은 아니지만 이러다 쓰러지는 것은 아닐까라는 생각까지 하던 때가 2013년이었다.

그러던 어느 날이었다. 5월, 회사 워크숍을 앞두고 장기 자랑을 준비해야 했는데, 딱히 떠오르는 것도 없고 해서 몸으로 때울 수 있는 춤을 선택했다. 하지만 대충대충 하는 것을 싫어하는 성격 때문에 남몰래 댄스 아카데미에서 춤 연습을 시작했다. 그날도 아침 7시에 댄스 아카데미에서 춤을 추고 회사 내 샤워실로 가던 길이었다. 그러다 일찍 출근한 직원들과 복도에서 딱 마주치고 말았다.

"총괄님, 이 시간에 무슨 일이세요? 혹시 워크숍 준비?"

"아, 아냐……. 사실은, 저번 주부터 자전거로 출퇴근하기 시작했어. 몰랐구나?"

임기응변으로 넘어간다는 것이 그만 엉뚱하게도 자전거 핑계를 대고 만 것이다. 그러고는 샤워를 하면서 혼자 곰곰이 생각했다.

'자전거로 출근? 말이 나온 김에 한번 해 봐? 집에서 회사까지 15km 정도인데? 그게 뭐 어렵겠어? 아냐. 어려울 거야. 암, 어렵고말고.'

고개를 가로저었다. 집이 있는 옥수동에서 회사가 있는 보라매공원까지 자전거를 탄다는 것은 상상도 하기 힘든 일이었다. 엄두가 나지 않았다. 차에 치이면 어쩌지, 하는 생각까지 했다. 하지만 이런 생각이 들수록 오히려 오기가 생겼다.

'까짓 거. 해 보자. 미국에서 대학 다닐 때 차가 없어서 3달 동안 하루 두세 시간씩 탄 적도 있었잖아? 비가 올 때는 우산까지 들고 탔는데 이걸 못해? 살도 빼고 좋지 뭐. 타자.'

당장 자전거를 담당하는 MD를 불러 쓸 만한 제품을 추천 받았다. 다른 건

몰라도 장비 욕심은 있는 편이고, 이왕 시작할 때 좋은 제품으로 시작해야 아까워서라도 계속 탈 거라는 생각에 비싼 제품을 사 버렸다. 그리고 맞이한 주말. 퇴사하고 경쟁업체로 이직한 직원에게 대뜸 전화를 걸었다. 자전거 마니아로 알려진 친구였다.

"어디냐?"

"분당 집인데요."

"내일 아침에 넘어와라. 자전거 타고. 우리 집 어딘지 알지?"

속으로 생각했다. '에이, 거길 어떻게 가요?'라고 하면 회사를 떠난 배신자라고 욕이라도 한 사발 퍼부어줘야겠다고. 그런데 대답은 의외였다.

"옥수동 맞죠? 그럼 내일 넘어갈게요."

사실은 괴롭히고 싶었는데, 녀석은 흔쾌히 알겠다고 대답했다. 그리고 다음날 아침, 녀석이 정말로 도착했다. 그 정도 거리는 껌이라는 듯 몸도 가벼워 보였고 마음도 편안해 보였다. 더 황당했던 것은 나처럼 뚱뚱한 다른 직원 한 명을 더 달고 왔다는 사실이었다.

"분당에서 같이 출발했어요. 옥수라고 하면 안 올 거 같아서 근처에 가자고 거짓말을 좀 했죠. 하하하."

"죽었다 살아났습니다. 엉덩이에서 불이 나는군요."

"엉덩이?"

그때까지만 해도 엉덩이에 불이 난다는 말이 무슨 뜻인지 미처 몰랐다. 그렇게 우리는 반포대교까지 페달을 밟았다. 약 3km 정도? 그 정도 거리는 아무렇지도 않을 것 같았는데 정말 엉덩이에 불이 났다. 그제야 왜 사람들이 남세스러운 쫄쫄이 바지를 입고 타는지 실감했다. 그 안에 패드가 덧대어 있다는 사실도 나중에 알았다. 정말 스포츠의 기본은 정확한 자세와 완벽한 장비에 있었다. 매사에 기본이 가장 중요한 법이라는 것을 새삼 깨달았다.

집으로 돌아와 엉덩이에 열을 식히며 후회했다. 무모한 도전이었다고 생각하며 다시는 안 타겠다고 결심했다. 그러다 번뜩 스치고 지나가는 생각이 있었다.

'한 번 타 보고 포기하면 너무 쪽팔리잖아. 내가 먼저 타자고 해 놓고.'

생각을 고쳐먹었다. 저 멀리 있는 높은 산은 절대 오를 수 없는 산이었다. 직접 오르기 전까지는. 하지만 일단 정복하면 아무것도 아니었다. 그리고 그 다음 희생양을 물색했다. 분당에 사는 또 다른 인턴이 레이더 안에 들어왔다.

"니, 혹시 자전거 타냐?"

"아니요."

"응, 그럼 싸구려 자전거 하나 사서 옥수로 와. 10만 원 정도면 될 거다."

"네? 저 분당에 사는데요……."

지금 생각하면 참 미안한 명령(?)이었다. 하지만 막말로 "까라면 까"는 것이 인턴이었기에 충실히 미션을 수행했다. 녀석도 엉덩이에 불이 났다면서 옥수에 도착했다. 그런데 그 친구에게 또 참으로 미안한 명령(?) 하나를 더 내렸다.

"가자, 여의도까지."

그렇게 녀석의 첫 라이딩은 '분당 - 옥수 - 여의도 - 분당'이라고 하는 장장 100km짜리 코스로 기록되었다. 그리고 다음과 같은 소감을 밝혔다.

"인생을 살면서 육체적으로 이렇게 힘든 날은 없었습니다."

지금 생각해 보면 참으로 무식한 도전이었다. 그런데 거기서 멈출 내가 아니었다. 당장 젊은 직원들을 규합해서 자무타(자전거 무식하게 타기)라는 모

임을 결성했다. 간부가 무조건 가입하라니까 울며 겨자 먹기로 가입한 친구도 있었고, 원래 라이딩을 좋아해서 얼씨구나 한 친구들도 있었다. 그리고 첫 라이딩으로 꼭 가 봐야 한다는 팔당 초계국수집으로 성지순례를 떠났다. 함께 땀을 흘리며 언덕을 올랐다가 깔깔거리며 내리막길을 내려오면서 만감이 교차했다.

'이게 인생이구나. 올라갈 때가 있으면 내려올 때가 있고, 힘들게 페달을 밟으며 올라가면 내려올 때는 편하구나.'

유아기적인 생각이라고? 맞다. 하지만 진리는 늘 가까운 곳에, 당연한 것에 있는 법이다. 마주앉아 국수를 흡입하며 또 생각했다.

'이렇게 직원들과 땀을 흘리다 보면 팀워크가 생길 수밖에 없겠구나. 같이 한다는 것은 1+1=3 정도가 아니라 무한 가치를 갖는구나.'

| 자무타 동지들! 이번 주말엔 부산이다! |

그 다음 코스는 위에서 언급했던 "나는 아빠다!" 행사가 열리는 자라섬이었다. 캠핑 대회는 회사에서 야심차게 준비한 프로모션이었으므로 어차피 도우미로 가야 할 것이니 이왕 가는 거 멋지게 입성하자는 의도였다.

결국 자무타 멤버들은 100km에 육박하는 코스를 10시간에 걸쳐 페달을 밟았다. 전원 탈락 없이 행사장에 도착했고, 박수를 받으며 입성했다. 직원들끼리 수고했다며 수고한다며 서로를 챙겨 주기 시작했다. 이런 일체감이 직원들의 사기 진작에 큰 도움이 되었음은 물론이다. 그때의 느낌은 정말 말로 표현하기 힘든 것이었다.

제주도까지 내려가서 240km 종주 코스를 밟기도 했다. 어려울 줄 알았는데 의외로 힘이 남아돈다며 계획에도 없던 1100고지를 찍기도 했다. 그 이후에도 자전거 바퀴는 멈추지 않았다. "이번 주 코스는 ○○○"라고 한마디만 나오면 "오케이, 근데 너무 가깝지 않아요?"라는 식의 자발적이고 적극적인 반응은 물론이고, "다음엔 오키나와 어때? 아니면 대마도 가서 태극기 꽂을까? 청소 봉사도 하고"라는 식의 큰 그림도 그리기 시작했다.

자무타 회원들의 자신감은 필자에게도 영향을 끼쳤다. 이 친구들하고는 어떤 그림을 그려도 잘 그릴 수 있을 거란 자신감이 생겼다. 제 아무리 큰 그림이더라도 이런 패기만 있다면 못할 것이 없겠다 싶었다. 거기서 태생한 것이 바로 '쇼킹딜'의 업그레이드 버전이었다. 나는 그들에게 비전을 제시했고, 그들은 "달려 보죠!"라는 말로 화답했다. 결국 자무타 친구들을 주축으로 쇼킹딜 MD팀을 새롭게 꾸렸고, 현재 목표 이상의 성과를 올리고 있는 중이다. 결국 운동을 하면서 건강(3달 만에 몸무게 10kg 감량에 성공했다)을 챙긴 것은 물론이고 팀워크와 매출 증대라는 선물을 얻은 셈이다.

살면서 나쁜 짓 한 적 있어요?
_ 얼마나 다양하게?

"지금까지 살면서 나쁜 짓 한 것 3개만 말해 보세요."

종종 신입 사원을 뽑기 위해 면접을 볼 때, 필자가 자주 던지는 질문이다. 만일 이 책을 읽는 독자가 구직 활동 중이라면 이 엉뚱한 질문에 뭐라고 대답할지 생각해 보기 바란다. 의외로 어려운 질문이다. 본인 스스로 나쁜 인간이라고 고백하는 것도 모양새가 이상하고, 단 한 번도 거짓말을 해 본 적이 없다는 식의 거짓말을 할 수도 없기 때문에 당황하게 된다.

이런 이상한 질문을 던지는 이유는 일탈을 도전 정신으로 보기 때문이다. 신입 사원들이 과연 어떤 도전 정신을 가지고 있는지 궁금하기 때문이다. 도전 정신이 없다면 일탈도 할 수 없고, 결국 다양한 경험도 쌓을 수 없다. 그렇게 되면 상대적으로 다양한 경험을 가진 셀러들을 상대하기 힘든 MD가 될 수밖에 없다.

면접을 거쳐 뽑아 놓고 보면 일 잘하는 직원과 못하는 직원, 그리고 안 하는 직원으로 갈린다. 회사란 그렇게 다양한 사람들이 모여 빵을 나눠 먹는 공간이다. 인터뷰 때와 사뭇 다르다. 경쟁심이 강해 남의 빵을 넘보기도 하고, 자신의 과업을 내세우지 않고 뒤로 물러선 친구들도 있다.

조직을 관리하는 리더라면 이 모든 이들에게 신경을 써야 한다. 일을 못하고 안 하는 직원이라고 해서 외면해선 곤란하다. 외면은 리더의 기본 자질이 아니다. 다양성을 인정해야 하는 것이다. 인정하지 않는다면 그것은 폐쇄된 조직이다. 폐쇄된 조직은 폐업으로 한발 더 가까워진 것이라고 보면 된다. 밀폐된 조직은 산소 부족으로 고사하게 된다.

IBM의 2대 CEO였던 토머스 왓슨 주니어는 "기업 내에는 야생 오리Wild Ducks가 필요하다"고 강조했다. 새로움을 추구하는 소수의 직원을 존중하고, 남들과 다르게 생각하는 그들의 아이디어를 기업이 수용해야 한다는 것이었다. 변화와 실패를 두려워하는 기업은 비전이 없다.

2007년, 온 나라가 닌텐도 열풍에 휩싸였던 적이 있다. 아이들은 물론이고 어른들도 게임에 빠져들었고, 경제학자들은 "닌텐도의 성공 신화를 배워야 한다."고 강조했다. 나이키의 경쟁 상대가 닌텐도라고 할 정도였다. 집에서 닌텐도만 하느라고 아이들이 밖에 나가지 않는다면서 나온 말이었다. 하지만 스마트폰의 등장과 함께 그 열기는 식고 말았다. 가정용 게임기 Wii를 통해 건재함을 과시하고는 있지만 닌텐도는 3년 연속 적자를 보고 있는 중이다.

스마트폰도 문제였지만 보수적이고 폐쇄적인 운영 정책도 한 원인이었다. 닌텐도는 그동안 자체적으로 하드웨어와 소프트웨어까지 공급해 왔다. 원칙적으로 외부 개발사도 닌텐도에 게임을 공급할 수 있었지만 요구 조건이 까다로웠다. 이런 이유 등이 겹쳐 어느 순간 "닌텐도의 실패로부터 배우자."로 바뀌고 말았다. 이게 현실이다. 살벌하고 냉정한 현실이다.

닌텐도라는 사명은 '진인사대천명' 즉, 운을 하늘에 맡긴다는 뜻이다. 좋은 말이긴 한데 기업은 운을 개척해야지 하늘의 처분만 기다려서는 안 된다.

| 기업이 발전하려면 엉뚱하고 다양한 야생 오리가 필요하다 |

"전진은 빠르게 후퇴는 천천히"라는 말이 있다. 기업이 변신을 시도할 때, 새로운 기회를 잡기 위해서는 발 빠르게 움직이고, 기존 사업 분야에서는 연착륙하듯이 부드럽게 빠져나와야 문제가 없다는 말이다. 앞서 창업을 설명할 때 사업 계획서가 중요하다고 이야기한 것처럼 플랜 B가 없으면 현명하게 위기에 대처할 수가 없다. 닌텐도는 지금 어떤 출구 전략을 세우고 있을까?

일본에 닌텐도가 있다면 한국에는 NXC가 있다. 게임회사 넥슨과 김정주 대표로 더 유명한 이 지주회사는 지난 2013년 레고 거래 사이트 '브릭링크'와 하이엔드 유아용품 브랜드인 '스토케'를 계열사에 추가했다. 이륜 전기 자동차 제조업체 '릿모터스'에 투자해 눈길을 끌기도 했다. 이것은 어떤 의도일까? 김정주 대표가 변신을 시도하는 중일까? 아니면 기존 사업에서 천천히 빠져나오는 중일까? 이런 도전 정신과 유연성이 넥슨 성장의 동력일까?

사양 기업이 있을 뿐, 사양 산업은 없다는 말도 있다. 인터넷 쇼핑몰이 위기라고 하더라도 사라지지는 않는다. 그 안에도 1등 기업은 늘 존재한다. 하지만 제 아무리 성공한 퍼스트 펭귄일지라도 느리게 헤엄을 치다가는 2등 펭귄에게 추월당한다. 1등 기업은 또 다른 분야의 1등이 되기 위해 부지런히 노력해야 한다. 저마다 위기를 말하지만 변화를 시도하지 않는 기업은 망하고, 어려운 환경에서도 노력을 기울이면 절대 승자는 살아남는 법이다.

개인이라고 다를까? 가끔씩 유능한 직원을 볼 때마다 느끼는 점이 있다.

자신의 능력에 만족하면서도 변화는 두려워한다는 것이다. '이미 뭔가를 아주 잘하고 있는데 굳이 새로운 방식으로 바꿀 필요가 있겠는가'라고 생각하는 것처럼 보인다. 변화의 시도를 매우 위험한 도전으로 여긴다. 괜히 '튀는 발언'을 했다가 본전도 찾지 못할 수 있다고 생각하기도 한다.

하지만 틀을 바꾸지 않는 사람은 발전하지 못한다. 모든 것을 뒤흔들었다가 다시 재창조하는 혁명을 시도하지 않으면 진보도 없다. 알을 깨고 나오지 못하면 진짜 세상을 만날 수 없다는 사실을 기억해야 한다.

성공 사례만을 기억하며 변화를 시도하지 않다가는 뒷방 늙은이가 되기 십상이다. 셀러라면 시장에서 외면당하고 말 것이다. 그리고 뒷방 신세가 되었을 때 그들이 꼭 하는 일이 있다. 후배나 거래처 직원을 앉혀 놓고 "내가 왕년에 말이야."를 외쳐 댄다는 점이다. 하지만 왕년이 지났음을 깨달았을 때는 이미 늦었을 때다.

이런 종류의 책을 읽는 이유는 아마도 조금 더 나은 삶을 살기 위함일 것이다. 개인적인 위기라면 위기를 극복하기 위해서 책을 읽을 것이고, 1등이 아니라면 1등이 되기 위해 노력하기 위함일 것이고, 2등이라면 1등이 되기 위해 자기 계발을 하는 것일 것이다. 그런데 개인의 삶이 더 나아진다는 의미가 돈을 많이 번다는 것이 아님을 잘 알고 있으리라 믿는다.

세상에서 두 번째로 _ 빠른 사람은 누구?

이런 질문을 던지면 대부분의 사람들이 머뭇거린다. 우사인 볼트는 알겠는데 그 다음 선수는 잘 기억나지 않는 것이다. 당연하다. 그게 세상이다.

"1등만 기억하는 더러운 세상"이라며 소주잔을 들이켜는 사람에게 나는 다시 묻는다.

"맞아. 더러운 세상이지. 그런데 뭐? 그래서 뭐? 아니꼽고 더럽고 치사하면 1등을 해야지."

지난 2014년 소치 동계 올림픽을 마지막으로 피겨 여왕 김연아가 은퇴했다. 석연치 않은 판정으로 금메달을 목에 걸지는 못했지만 많은 국민들은 그녀를 1등으로 기억할 것이다. 그녀의 마지막 무대는 그 어떤 반전의 드라마보다 극적이었고, 그 어떤 할리우드 영화보다 더 영화다웠다. 정말로 당당했다. 어린 나이임에도 불구하고 분한 감정을 통제하는 모습에서 나는 더 감동을 받았다.

그녀는 7년 동안 줄곧 정상이었다. 짧지 않은 인생의 레이스를 1등으로 독주했다. 자기와의 싸움에서 승리한 자만이 할 수 있다는 거만한 소감, 즉 "할 수 있는 건 다 했다."는 말도 남겼다. 금메달은 더 원하는 자에게 주라는 말도 남겼다. 멋있다. 나는 그래서 1등이 좋다. 1등은 언제나 한 명이다. 그렇다면 나는 지금 1등인가?

11번가의 직원으로서, 직장인으로서 필자의 현재 목표는 회사가 명실공히 업계 1등이 되는 것이다. 아직까지 11번가는 업계 2등이다. 나는 뱀 대가리보다 용의 꼬리가 더 좋다. 1등이 아니면 의미가 없다고 생각한다.

1등이 중요한 이유 중 하나가 1등이 되는 지난한 과정에서 얻었을 자신감에 있다. 필자는 11번가가 업계 후발 주자인 꼴등으로 시작해서 2등까지 차근차근 올라서는 과정을 함께했다. 그 성공의 맛을 직원들과도 함께했다. 이런 성취감은 우리에게 훗날 뭘 해도 잘할 수 있다는 자신감을 심어 주었다. 처음부터 1등인 회사에서 근무했다면 1등을 유지하는 것만 배웠을 것이다. 자신감보다는 괜한 우월감 따위가 생겼을 것이다. 하지만 우리는 불모지에서 맨땅에 헤딩해 가면서 성공 신화를 일궜다. 이러한 성공의 일련 과정을 통해서 얻게 되는 노하우야말로 구성원이 회사로부터 얻어 갈 가장 큰 덕목이 아닌가 싶다. 인생 후반전에 어떤 일을 하게 될지 모르지만 자신감 하나 있으면 도전해 볼 수 있지 않겠나 싶다.

지기 위해 세상에 태어난 사람은 없다. 무시당하는 것을 좋아하는 사람도 없다. 지는 것보다는 이기는 것. 2등보다는 당연히 1등이 낫다. 그렇다면 어떻게 1등이 될 수 있을까? 그 방법 중 하나가 이길 수 있는 게임에만 출전하는 것이다. 1등과 관련된 우스갯소리를 하나 하겠다.

| 10번 찍어서 넘어갈 만한 나무만 골라 10번 찍으라 |

"네 성격 중에서 좋은 점하고 나쁜 점을 하나씩 골라 봐."

얼마 전 아는 지인이 술자리에서 던진 질문이었다. 웬 뜬금없는 질문이냐며 빈 잔에 술을 채웠지만 머릿속으로 적당한 답을 찾느라 지인의 이야기가 하나도 들어오지 않았다. 가끔은 이렇게 내가 누구인지, 나를 어떻게 정의해야 하는지 생각해 볼 필요가 있는 것 같다. 만일 자기 소개서를 쓸 연령대라면 지겹도록 고민했겠지만 중년에 들어선 뒤 '자아 성찰'을 하는 것도 그리 나쁜 일은 아니었다. 몇 순배 술잔이 돌고 나서 드디어 정답을 찾아냈다. 그것은 승부욕이었다. 승부욕은 내 성격의 장점인 동시에 단점이었다.

"강한 승부욕이 장점이자 단점이다."

대부분의 사람이 그렇겠지만 필자는 유난히 지는 것을 싫어한다. 사람에게 지는 것도 그렇고, 일에서 지는 것도 그렇다. 그래서 이길 수 있는 경우에만 배팅한다. 질 확률이 높은 것에는 승부수를 던지지 않는다. 얄밉다고? 그래도 늘 승리하는 것은 아니다. 목숨을 걸고 도전해도 100% 승률이란 없다. 그러니 질 수도 있는 게임에 승부를 걸 시간이 있겠는가?

강한 승부욕이 필자를 지금 이 자리까지 올라오게 만들었으니 내겐 큰 장점일 것이다. 반면에 승부에 너무 집착을 한다거나 지고 난 뒤 괴로워하니 단점이었다. 특히 큰 승부보다는 작은 승부에서 졌을 때 더 괴로워하곤 했다. 그래서 확률이 50%가 넘는 게임에만 배팅을 하려고 노력했고, 그 결과 게임에서 이기는 일이 많아졌다.

술자리가 파하고 지인과 당구를 쳤다. 상대의 당구 수는 300인데 필자는 겨우 60이었다. 지인이 눈을 흘긴다. "너무 짠 거 아냐? 그리고 60이라는 당구 수가 어디 있냐?" 이럴 때마다 나의 대답은 한결같다. "싫으면 하지 마.

그리고 예전엔 60이 있었는데. 50에서 갑자기 80으로 올리면 힘들단 말이야."

사실 300과 60이 함께 당구를 친다는 것 자체가 어불성설이다. 하지만 나는 당구 수를 올리고 싶은 마음이 없다. 치기 싫으면 안 치면 그만 아니냐고 되묻는다. 너무 이기적인 것 아니냐고 할 수도 있겠지만 승률이 높은 게임만 하는 것이 나만의 생존 전략이므로 앞으로도 크게 바뀌지는 않을 것 같다. 미안하긴 하지만.

일도 사랑도 이와 비슷하다. 10번 찍어서 넘어갈 만한 나무만 골라 최선을 다해 10번 찍는 것이 상책이다. 전문 분야가 아닌 곳에 뛰어들어 정력을 낭비하기보다, 내가 잘 아는 분야에서 진정한 1등이 되는 것이 중요하다는 뜻이다. 박태환 선수가 육상 대회에 나가면 1등을 할 수 있겠는가?

조직 관리에도 비슷한 점이 있다. 나는 기본적으로 일 잘하는 직원에게 일을 더 많이 준다. 그래야 일이 깔끔하게 끝나 내가 덜 피곤하기 때문이다. 물론 해당 직원은 불만일 것이다. "왜 만날 나야?" 하지만 길게 보면 이런 방식은 그 직원에게도 플러스가 되는 일이다. 1만 시간의 법칙처럼 업무량이 많아지면 그만큼 스킬도 따라서 늘기 때문이다. 이게 바로 독식의 법칙이다.

이 깊은 뜻을 알게 될 때쯤, 그 직원은 승진을 하거나 경쟁사로부터 스카우트 제의를 받게 될 것이다.

1등만 기억하지 못하는 게 아니다. 세상은 당신이란 존재도 기억하지 못한다. 무슨 말일까?

직장 생활을 하다 보면 많은 사람을 만나게 되고 자연스럽게 명함을 돌리게 된다. 내 지위가 낮을수록 상대방이 나의 명함을 대하는 태도가 달라진다. 아예 명함에 눈길조차 주지 않는 사람들도 있다. 그래서 아니꼬우면 성공하라는 것이다. 좋은 회사의 좋은 자리를 새긴 명함이라면 기억하지 말라고 해도 기억하는 것이 정글의 법칙이다.

인생, _ 후반전을 준비하라

　인생은 피라미드를 닮았다. 초등학교를 시작으로 중학교, 고등학교, 대학교를 거치는 과정은 꼭대기가 좁아지는 피라미드에 오르는 것과 비슷하다. 그 일련의 과정이 곧 경쟁이다. 루저들을 추려 떨어뜨리는 것이다. 위로 올라갈수록 자리가 좁아지는 탓에 경쟁의 강도는 점점 높아진다. 더 잘난 친구들만 남기 때문에 탈락의 속도는 점점 빨라진다. 그렇게 살아남은 소수만 명문대에 진입하게 된다.

　하지만 잘 알다시피 명문대를 나왔다고, 취직에 성공했다고 해서 끝이 아니다. 치열하기로는 회사가 으뜸이다. 학창 시절의 피라미드와는 비교도 되지 않는다. 회사는 이미 일정한 수준 이상의 관문을 통과한 사람들만 모아놓은 상위급 피라미드이다. 어릴 때는 같은 반 친구와 같은 대학을 목표로 두고 싸우지는 않았을 것이다. 하지만 사회는 냉정하다.

　엇비슷한 능력자들 중에서 또 루저들을 추리자니 더욱 살벌하다. 위로 올라갈수록 책상의 수가 줄어들기 때문에 더 빨리 올라가야만 한다. 샐러리맨들은 그렇게 더 많은 소금을 얻기 위해 무릎이 까지도록 피라미드를 기어오른다.

그럼 정상에 다다르면 끝나는 것인가? 회사 사장이 되면 끝나는 것인가? 그렇지 않다. 화무십일홍이다. 영원한 1등은 없다. 단 한 번의 실수로 바닥까지 곤두박질치기도 하고, 자의 반 타의 반으로 또 다른 피라미드에 도전해야만 한다. 인생이란 것이 정상에 올랐다고 안정을 즐기며 쉽게 내버려 두지 않는다. 어려움은 계속해서 생기고, 도전하게 만든다.

이집트의 드넓은 사막에 피라미드가 하나만 있는 것은 아니다. 학창 시절의 피라미드를 비롯해, 직장 생활, 연애와 결혼, 창업 과정, 인생 후반전, 노년의 삶 등 넘어야 할 크고 작은 피라미드가 수없이 많다. 안타깝지만 그게 인생이다. 42.195km를 완주하기 전까지는 멈춰 서 쉴 수도 없다. 조금 빠르거나 늦을 수도 있지만 어쨌든 끝까지 달려야 한다.

이제는 아파트가 두세 배 뛰었다거나, 벤처 기업을 세워 주식으로 대박을 쳤다는 식의 횡재를 기대하기 어려운 세상이다. 일확천금의 기회가 드문 일이 되어 버렸다. 과거에는 헬기나 엘리베이터를 타고 정상에 오르는 것이 가능한 시대였지만 지금은 아니다.

대박은 곧 쪽박의 지름길이고, 소박이나 중박이 대박으로 가는 길이다. "인생은 한 방"이라면서 대박만 노리다가 한 방에 훅 가는 사람도 주위에서 많이들 봐 왔다. 그렇다면 앞으로 어떻게 해야 할까?

꾸준히 노력해서 삶을 다변화시키고 지속적으로 성장하는 것이 답이다. 늘 해 오던 것을 늘 그대로 한다면 늘 그랬던 것처럼 늘 그런 사람이 되고 말 것이다. 뭔가 어제와 다른 노력을 해야 한다. 어제와 다른 오늘을 살지 않으면 내일은 어제와 같은, 그저 그런 날이 되고 말 것이다. 이것이야말로 인생을 가장 슬프게 사는 첫 번째 방법이다.

다변화를 고려한 노력이 있어야 탄력적으로 삶의 난관에 대처할 수 있고 삶의 회복력도 좋아진다. 그것이 인생 후반전을 준비하는 노하우라는 것이 필자의 생각이다. 후반전 이야기를 좀 더 해 볼까 한다.

| 사장社長 되거나 사장死藏 되거나 |

앞서 언급한 것처럼 필자의 승진은 다소 빠른 편이었다. 썩 괜찮게 피라미드를 오른 셈이다. 하지만 승진이 빠른 만큼 퇴진도 빠를 수 있다는 것을 염두에 두고 있다. 그만큼 조심하고, 또 그만큼 열심히 일하는 중이다. 그리고 퇴사 이후의 삶이 어떨지 틈틈이 상상해 보는 중이다.

젊은 때는 퇴사 후, 즉 인생 후반전에 어떤 삶이 펼쳐질지 잘 알지 못한다. 주변의 선배들을 보면 쉰 살 정도가 되어서야 비로소 구상을 해 보는 것 같다. 그 정도 연륜이 쌓여야 후반전의 전략을 짤 수 있다고도 말한다. 쉰 살은 공자가 말한 지천명知天命, 즉 하늘의 뜻을 아는 나이다. 그렇다고 해서 쉰 살까지 기다릴 수는 없는 법 아닌가? 은퇴할 나이가 되어서야 하늘의 뜻을 알면 좀 곤란하지 않겠는가? 그래서 그 50이라는 숫자를 49, 48, 45, 40으로 자꾸 줄이는 연습을 해야만 한다. 30대 중반이라면 마흔 이후의 삶을 어떻게 살 것인지, 40대라면 마흔 중반 이후의 삶을 어떻게 살 것인지 구상해야 한다.

지금은 90세, 100세까지 사는 세상이다. 그 어느 나라보다 빠른 속도로 고령화 사회에 접어들고 있다. 때문에 후반전은 물론이고 연장전까지 뛰어야 하는 시대다. 기원전 사람인 공자 시대처럼 마흔 넘기가 어렵다거나 환갑을 넘겼다고 잔치를 벌이는 시대는 아니라는 것이다.

우리는 종종 은퇴 후에도 10억 원이 필요하다는 기사를 접하게 된다. 결코 남의 이야기가 아니다. 예전처럼 55세에 은퇴하고 노후를 즐기는 삶이 아니다. 70세에도 돈을 벌어야 하는 것은 물론이고, 90세까지 연장전을 살아야 한다. 물려받을 재산이 많다면 다행이지만 창업 이외에는 답이 없다.

대기업 간부? 쉰 살이면 끝이다. 피라미드를 오르면서 사장社長이 되거나 아니면 사장死藏이 되거나 둘 중 하나다. 죽을 때까지 회사원으로 살 수는 없지 않는가? 그럴 생각도 없지 않은가? 그 죽을 '때'라는 게 이제는 100세 시대인 걸 잘 알고 있지 않은가? 한 살이라도 젊을 때 미래를 준비하는 선택을 해야만 한다.

당연한 이야기를 또 하나 해야겠다. 후반전을 잘 뛰려면, 다치지 않고 내리막길을 잘 내려오려면 전반전을 잘 보냈어야 한다. 전반전을 뛰면서 후반전에 대한 구상도 중요하지만 우선 열심히 일하고 경험을 쌓는 것도 후반전을 위해서 중요하다. 전반전을 뛰면서 상대의 장단점을 잘 파악하고, 나의 상태를 객관적으로 볼 줄 알았어야 한다. 그럴 수 있는 자리에 있을 때 후배들도 키워야 하고, 소일거리로 할 수 있는 취미도 만들어 두어야 하고, 취미가 일이 될 수 있는 나름대로의 재주도 찾아 두어야 한다. 어릴 때부터 막연하게 가졌던 꿈이야말로 후반전에 업으로 삼기 좋은 것들이다. 힘의 안배도 잘해 뒀어야 한다. 그래야 100세까지 뛸 수 있다. 100세라니 한숨부터 나오겠지만 아무도 대신 뛰어 주지 않는 나만의 레이스다. 이왕 달리는 거 기분 좋게 잘 달리자.

혹자는 말할 것이다. "언제 죽을지도 모르는데, 오늘 당장 행복한 게 낫지. 뭘 그리 아등바등 살아? 인생 뭐 있어?" 맞는 얘기다. 그러니까 열심히 사는

것이다. 세상을 하직하게 될 정확한 일시를 모르니까. 살아 보니 인생 뭐 있
으니까.

그때 미처
알지 못한 것들

이제 다소 개인적인 이야기를 하면서 이 책을 끝낼까 한다. 그러기 위해서는 유치하지만 자기 소개서의 서두를 인용하지 않을 수 없겠다.

나는 어릴 때부터 조금 유별나게 자랐다. 아버지는 이북 출신으로서 서울대 법대를 졸업하고 충주비료, 동아건설 등에서 임원으로 재직하셨다. 어머니는 1962년 자카르타 아시안 게임에서 은메달을 따기도 했던 국가 대표 탁구 선수 출신이셨다. 엄청난 집안은 아니었지만 남부럽지 않을 정도는 되는 집이었다.

강남구 신사동에 살고 있었는데 서초동에 있는 서울교대부설초등학교까지 스쿨버스를 타고 다녔다. 지금도 그렇지만 1970년대에 사립 초등학교에 다니려면 어머니들의 어지간한 극성으로는 불가능한 일이었다. 그렇다. 나름대로 좀 있는 집 자식이었던 셈이다. 그리고 밑으로 여동생이 하나 있는 외아들이었다.

우리는 잘 알고 있다. 있는 집 외아들은 엘리트로 성장하거나 공부와 담을 쌓고 꼴통으로 성장하거나 둘 중 하나라는 사실을.

필자는 후자였다. 초등학교 시절부터 과외 교사가 둘이나 있었지만 공부는 고사하고 오히려 선생님을 꼬드겨서 같이 놀곤 했다. 주변 사람을 내 편으로 만드는 이런 기술은 지금도 여전한데, 스스로 장점이라고 생각하는 편이다.

신사중학교를 거쳐 현대고등학교에 입학했다. 소위 말하는 8학군만 골라서 다닌 셈이지만 역시 공부는 체질이 아니었다. 공부에 관한 한 아주 게으른 편이었다. 뭐든지 코앞에 닥치면 그때 움직이는, 벼락치기 스타일이었다. 임기응변이 학생에게 필요한 최고의 덕목이라는 것을 친구들에게 전파하고 다니기도 했다.

고등학생 때는 "You Go? We Go!" "남자는 공부보다 의리!" 등을 외치면서 돌아다녔다. 당연히 맞기도 많이 맞았다. 등산부에도 가입했었는데 거기서도 또 선생님을 꼬드겨서(?) 맞담배질이나 하는 그런 부류였다.

엄밀히 따지자면 모범생보다는 말썽쟁이에 가까웠다. 그 말썽이 지금의 나를 만들어 주었다고 믿기 때문에 후회는 없다. 나는 잘 노는 사람이 일도 잘한다고 믿는다. 경험이 없으면 지혜도 생기지 않는 것이 인생이다. 책상에 앉아서 천리를 내다본들 그건 책상에서일 뿐이다. 세상에 경험만큼 중요한 것은 없다. 신입 사원 면접을 보면서 어떤 나쁜 짓을 해 봤냐고 묻는 것도 그런 이유에서다. 소싯적에 껌 좀 씹어 보지 않고 어떻게 엔터테인먼트 요소가 필요한 '쇼핑업'에 종사할 수 있겠느냐는 것이 내 지론이다.

세상이 공부만 잘한다고 다 되는 것도 아니고, 반대로 못한다고 인생이 망가지는 것도 아니다. 올바르게만 사는 것도 좋지만 조금은 시대에 역행해 보는 것도 개인의 발전에 도움이 된다고 믿는 편이다.

이렇게 생각하고 살았으니 아버지와 당연히 마찰이 생길 수밖에 없었다. 아버지는 고지식한 분이셨다. 그리고 엘리트주의자였다. 당연했다. 할아버지는 화가이자 학자로서 대학 강단에서 강의를 하셨고, 대부분의 자식들을 서울대 졸업, 대기업 사장, 자수성가 등의 엘리트 코스를 밟게 만드셨다.

당연히 가족 분위기는 서울대가 아니면 대학이 아니라고 생각하는 분위기였다. 백 번 양보해도 연고대 정도였다. 필자는 성장하면서 일부러 그런 아버지와 거리를 두고 살았다. 치기 어린 반항일 수도 있었고, 아버지를 경쟁자로 여기는 오이디푸스 콤플렉스일 수도 있었다. 어쨌든 나는 기성세대를 체질적으로 거부했다.

"나는 서울대를 나오시 않아도 딩신들보다 더 잘 살 수 있어. 두고 봐!"라는 식이었다. 그럴 때마다 아버지께서 말씀하셨다.

"네 때는 졸부는 사라지고 노력하는 사람이 잘살게 될 것이다. 기술이 인정받는 시대가 될 것이다. 만일 SKY대를 가지 못한다면 외대라도 가라. 외국어도 미래에는 꼭 필요한 기술이다."

틀린 말씀은 아니었지만 나는 거부했다. 서울대를 나와야 잘살 수 있다고 보지 않았다. 하지만 아버지는 좋은 대학에 가고, 대기업에 취직하고, 결혼해서 아들딸 낳고 잘사는 일반적인 삶을 요구하셨다. 그런 다음에 하고 싶은 대로 네 인생을 살라고 하셨다. 하지만 나는 '그러면 그게 아버지 인생이지 내 인생인가'라는 생각을 하면서 어깃장을 놓았다.

예상대로 대학 진학에 실패했다. 필자는 한국에 있는 대학 대신 일본에 있는 2년제 패션 전문학교에 들어가 디자이너가 되겠다고 결심했다. 이를 위해 난생처음으로 열심히 공부도 했다. 두 달 공부해서 디자인에 필요한 패턴을 싹 외워 버렸다. 하지만 어머니께서는 한국에서 새는 바가지가 외국에 나가면 더 샌다면서 유학을 반대하셨다. 사실 일본어가 어렵기도 했다. 히라가나가 도저히 외워지지 않았다. 그래도 유학에 대한 생각은 버릴 수가 없었고, 그나마 ABC라도 알고 있는 영어 공부를 다시 시작했다. 토플 점수가 500점만 넘으면 미국에 있는 대학에 갈 수 있다는 친구의 말에 미친 듯이 공부했다. 두 달 공부해서 나온 점수는 498점.

그 무렵 아버지께서 '배트나'를 가지고 협상을 시작하셨다. "패션은 안 된다. 대신 미국에 가서 건축학을 공부해라. 그럼 지원해 준다."는 거래였다. 또한 당신께서 건축업 쪽에서 죽 경험을 쌓으셨고, 친척들도 그 분야에서 제법 높은 위치에 계셨기 때문에 공부를 마치고 돌아오면 밥벌이는 도와줄 수 있다고 보셨던 것이다.

먼저 아이오와 주에서 랭귀지 스쿨을 다녔다. 그런데 살펴보니 토플 점수도 그저 그렇고, 고등학교 점수도 좋지 않아서 갈 수 있는 대학이 2년제밖에 없었다. 나 자신한테 화가 나고 한심했다. 함께 유학을 온 친구는 버젓이 4년제에 들어갔는데, '나는 뭐지? 부모님과 싸우면서까지 시작한 유학인데 이게 뭐지?'라는 자책이 들었다.

결국 오기가 발동해서 편입을 준비했다. 조경건축학과로는 미국 내에서 Top5에 속하는 오하이오 주립대가 목표였다. 그렇게 정신 차리고 열심히 늦깎이(?) 공부를 시작한 끝에 오하이오 주립대 2학년으로 편입해서 들어갈 수 있었다.

그때부터 더욱 기를 쓰고 공부했다. 무언가를 해야 할 때 하지 않고, 이를 나중에 복구하려면 2배 이상의 노력을 기울여야 한다는 단순한 진리를 그때 깨달았다. 영어 실력이 부족하니 리포트는 외국인에게 검수를 부탁했다. 무작정 도서관에서 지나가는 사람을 붙잡고 물어보면서 도움을 받았다. 이를 또 다른 외국인에게 보여 주면서 검수를 받을 정도로 최선을 나 했다. 교수에게 컬쳐 쇼크라는 말도 안 되는 핑계를 대면서 오픈 북으로 시험을 치르기도 했다. 임기응변, 순발력, 친화력 모든 것을 동원한 것이다. 필기는 그런 식으로 커트라인만 넘고, 몸으로 때우는 실기는 무조건 A학점을 받아 냈다. 사실은 공부보다는 졸업이 목적이었던 것이다. 이게 지금 와서 후회되는 부분이다. 영어라도 더 열심히 익혀서 올 걸 하는 후회가 든다. 역시 공부는 때가 있는 법이라는 생각이다.

그렇게 1997년 여름에 무사히(?) 졸업을 하고 잠시 귀국했다. 다시 공부하러 나갈 생각이었다. 그런데 그만 IMF가 터지면서 다시 유학을 떠날 수 없는 신세가 되고 말았다. 인생이 뭐 이리 꼬이나 싶었다. 그럼에도 불구하고 취직을 그다지 어려운 것으로 생각하지 않았다. '미국 유학생 출신인데 굶기야 하겠어?'라는 생각도 있었고, 무엇이건 열심히 할 패기도 능력도 있다고 자신하고 있었다. 대책 없는 자신감으로 똘똘 뭉친 돌쇠였다.

더 솔직히 말하자면 아버지나 친척 라인을 동원하면 어지간한 건설사는 들어갈 수 있을 거라고 믿었다. 유학을 떠나기 전 아버지의 약속도 있던 터였다. 하지만 건설업은 IMF의 직격탄을 맞았다. 결국 나는 "인생은 독고다이다!"를 외치며 스스로 앞날을 개척해야만 했다. 당연했다. 인생은 누가 대신 살아 주는 것이 아닌데. 혼자 알아서 설계하고, 저지르고, 책임지는 것이라는 사실을 뒤늦게 깨달았다.

돌이켜 보면 IMF 때문에 전공을 살리지 못하면서 까르푸에 입사하게 되었으니 IMF 위기는 개인적으로 기회가 된 셈이다. 까르푸에 입사할 때만 해도 '이럴 거면 유학은 왜 갔을까?'라는 생각도 들었지만 지금 보면 그런 모든 좌충우돌의 경험이 오늘의 나를 있게 한 자산이 되었던 셈이다.

그리고 내 나이가 서른이 되기도 전에 아버지께서 돌아가셨다. 일흔도 되시기 전이었으니 다소 급작스런 이별이었다. 이것이 결과적으로는 정신을 차리는 계기가 되었다. 졸지에 어머니와 여동생을 부양해야 하는 청년 가장이 된 것이다. 책임감은 사람을 조금씩 변화시켰다. 그렇게 아버지가 일군 가정과 내가 직접 꾸린 가정의 가장이 되고 보니 이제야 어렴풋이 아버지의 뜻을 알 것 같다.

지금 생각해 보면 어머니로부터 체력 DNA를, 아버지로부터 두뇌 DNA를 물려받은 것 같다. 하지만 그때는 알지 못했다. 오히려 어정쩡한 피의 대물림이라고 치부하고 말았다. 이도 저도 아닌 열성 유전이라고 생각했다. 얼마나 좋은 재산을 물려받은 것인지 그때는 미처 알지 못했다. 특히 아버지께서는 내게 세상의 변화를 읽는 눈을 주셨고, 그 세상에서 우뚝 설 수 있는 튼튼한 다리를 주셨다. 또한 그 세상에서 기술과 실력이 얼마나 중요한지 알려 주셨으며, 노력하고 공부한 만큼 대가가 돌아온다는 당연한 진리도 잊지 않게 해 주셨다. 그렇게 내 아이에게 이야기할 수 있는 지혜도 주셨다.

이런 사실을 왜 그때는 알지 못했는지 후회스럽기만 하다. 감사하다는 말을 미처 하지 못했다. 늦었지만 이 지면을 빌어 '사랑합니다'라는 말을 남긴다. 듣지는 못하실 터이니 은혜에 보답하는 일은 인생 전반전과 후반전, 그리고 연장전을 똑바로 잘 살아가는 것일 게다. 나아가 지금 전반전을 뛰고 있는 이곳 11번가가 최고의 기업으로 성장할 수 있도록 기여하는 것이다. 그게 지금의 개인적인 목표다.

생사를 넘나들던 아버지께서 마지막으로 해 주신 말씀이 아직도 잊히지가 않는다.

"미안하구나. 내가 네 할아버지로부터 받았던 사랑만큼 네게 해 주지 못해서."

당시엔 그 뜻을 제대로 이해하지 못했다. 아버지를 라이벌로서만 생각하던 내 귀에는 들리지 않았다. '나는 무조건 당신보다 잘 살 거야. 자신 있어'라며 가슴을 탕탕 치던 나였다. 하지만 지금은 명확히 알고 있다. 당신이 내게 주신 사랑만큼을 내가 내 아이에게 못해 주고 있다는 것을. 당신이 위대했다는 것을.